尼崎市役所
杉山富昭

交渉する自治体職員

＊ 自治体現場の政策法務 ＊

信山社政策法学ライブラリイ
10
SHINZANSHA LAW & POLICY LIBRARY

信 山 社

はじめに

一八年ぶりの歓喜に沸いた二〇〇三年も終盤にさしかかった一一月下旬、自宅のパソコンに一通のメールが届きました。送り主は、上智大学の北村喜宣先生。メールの内容は、「信山社の政策法学ライブラリイに一冊執筆してみませんか」というものでした。

第一次地方分権改革を契機に議論が活発になっている政策法務については、私も大いに関心を持ってきました。しかし、所詮は一介の自治体職員にすぎず、しかも、きちんとした研究業績は何一つない私に、本当に執筆させていただけるのかと不思議にも思いました。

しかし、間もなく、神戸大学の阿部泰隆先生からも、執筆を前提としたお話をいただき、お二人もの高名な行政法研究者の方から直々にお誘いをいただいたことで、単純な私は舞い上がってしまい、喜んで執筆をさせていただくことにしました。それにしても〝捨てる神あれば拾う神あり〟、とはよく言ったものです。

『交渉する自治体職員』というのは、自治体現場における政策法務の重要性を主張する立場から、一つのあるべき自治体職員の姿を表現したものです。すなわち、自治体現場での政策法務とは、法的課題に直面した職員が、その解決に向けて様々な交渉を繰り返し、試行錯誤と悪戦苦闘を繰り返しながらも、地域の特殊事情に適合した法環境の創出にむけてまい進する、積極的で活動的な姿を表現したものです。

自治体の法務と言えば、法制担当課だけが担う仕事であると決めつけている人がまだまだ多いと思います。現在のところ、政策法務の浸透が進んでいない自治体は少なくありません。その原因の一つに、地域の法的課題に最初に直面する自治体現場の職員が、政策法務に関する理解や認識をほとんど有していないことがあると思っています。自治体現場の職員が政策法務に対する理解と認識を高めなければ、いつまで経っても組織内部に政策法務は浸透しないし、地域の特殊事情に適合した法環境の創出を実現することはできないと考えています。そのため、本書では、日頃は法律体系書などを読む機会が少ない、末端組織で日々奮闘している自治体職員を主たる読者に想定しています。本書によって、自治体現場での政策法務に対する関心が少しでも広まれば、幸いです。

執筆に当たりましては、北村先生と信山社編集部の村岡侖衛さんから、文字どおり、手取り足取りのご指導、ご助言をいただきました。ご多忙の折、出版に関して全くの素人を相手にされ、さぞかしご迷惑をおかけしたことと思います。お詫び申し上げるとともに、改めて心から厚く感謝いたします。

二〇〇四年初夏

甲子園球場での声援が聞こえてくる自宅にて

杉山 富昭

第一章　分権型社会と「交渉する自治体職員」

一　分権型社会における自治体の姿

分権改革による法環境の変化

二〇〇〇年（平成一二年）四月に施行された地方分権一括法では機関委任事務が廃止されて、自治事務・法定受託事務に再構成された結果、自治体が処理する事務は全て自治体の事務になりました。それに伴い地域の特殊事情に適合した自主的かつ民主的なルールを作り上げ、それを解釈、運用することができるようになり、国が定める法令についても自主解釈の裁量が拡大したと言われています。つまり、自治体を取巻いている「法環境」が大きく変化しているということを意味しているのです。

北村喜宣教授の「法環境」論

ところで、上智大学の北村喜宣教授は、東京市政調査会から発行されている『都市問題』二〇〇四年五月号に「自治体の法環境と政策法務」という論文を発表され、法環境という概念について、政策法務との関係から、丁寧な論証をなされています。

この論文の中で、北村教授は、法環境の概念は次の二つから構成されると主張されています。第一に、地方分権一括法施行後の現時点における、法令及び自治体に対する関係通知です。第二に、そうした法制度状況に対する、行政組織および個々の職員の意識です。国と自治体との対等関係を踏まえて、「自分の頭で」法政策論や解釈論が育成され、そうした職員が人事上不利に扱われないように自治体組織を変革する必要があることも、政策法務が注目される理由であるとされています[1]。

この二点については、いずれもこれまで多くの論者によって、個別には論じられていると思います。しかし、これを自治体の法環境という概念に構成されたことに注目したいのです。このような法環境概念を踏まえて、分権時代においては、自治体が独自に地域に適した法環境を創出していくような、知恵と工夫による展開が求められているのと言えるのではないでしょうか。

地方分権推進委員会最終報告で求められていること

法環境に大きな変化をもたらす分権時代において、その主たる担い手である自治体に求められる基本的な姿については、いろいろ論じられていますが、二〇〇一年六月一四日に出された地方分権推進委員会最終報告（以下「最終報告」という。）が大きな拠り所になっていると考えられます。

本書の執筆に当たり、私が目に付いたのは最終報告「第一章　Ⅵ地方公共団体の関係者及び住民への訴え」で述べられていることです。分権時代の地域社会のあるべき姿について、熱意を込めて五つの訴えが記述されています。

第一次地方分権改革の成果の活用

意識改革の徹底によって第一次分権改革の成果を最大限に活用し、自治体の「自治能力」を実証することが求められています。特に、国からの通達等は、「技術的な助言」になるため、これを機会に通達依存症から脱却することが重要です。

自己決定・自己責任の原理の実践

旧来の中央地方関係の構造改革と言い換えることができるでしょう。団体自治・住民自治の充実とともに、何よりも自治体職員としては「国がそう言っているから仕方がない」という発言が禁句になる時代だということです。

自治体改革、透明性、説明責任

現在の財政難は、構造改革を推進する好機であると理解し、国への依存心を払拭し、自己責任・自己決定の時代にふさわしい自治の道を真剣に模索し、地方自治の運営の透明性を高め、地域住民に対する説明責任を果たしつつ、行政サービスの取捨選択の方途を地域住民に問いかけ、その判断に基づいて、歳出の徹底した削減を図るという地道な努力の積み重ねが必要であると訴えかけています。

男女共同参画社会の実現に向けた更なる自覚的な努力

とりわけ、多くの女性が地方公共団体の政策決定過程に直接関与し、参画するようになることが望まれるとしています。そして、男女共同参画の実現なしに、分権型社会の創造は完成しないと帰結されています。

協働の仕組みの構築

自分たちの地域を自分たちで治めることが地方自治の本来の意味であり、地域住民は、これまで以上に、地方公共団体の政策決定過程に積極的に参画し、自分たちの意向を的確に反映させようとする主体的な姿勢が望まれるとしています。自己決定・自己責任の原理に基づく分権型社会を創造していくためには、住民みずからの公共心の覚醒が求められ、地方公共団体の関係者と住民が協働して本来の「公共社会」を創造しなければならないと締めくくっています。

公務員倫理を忘れるな！

分権型社会の自治体は、この最終報告で訴えられていることを着実に進めなければなりません。これに加えて、私が自治体職員になった時から常々関心を持ち続けているのが、公務員倫理という問題です。協働の仕組みづくりとか、透明性とか言っていても陰で反倫理的、反社会的、反市民的な行動を自治体職員がしているとなれば、分権型社会の構築など論じること自体が一笑に付されることになるでしょう。分権改革や政策法務論において公務員倫理については余り論じられていないと思いますが、非常に重要な要素であることを強調しておきたいと思います。

地域社会における新たな法環境の創出

先ほど紹介した、最終報告第一章Ⅵで訴えられていますように、自治体は分権型社会に適合するために自己革新が求められています。分権型社会に適合するための自己革新とは、自治体が自ら地域に適合した新たな法環境の創出に努めることであり、その点に着目するならば分権型社会とは地域社会における法治主義の徹底、あるいは法化社会の構築であると言うことができます。(2) すなわち、給付行政にせよ、事前規制にせよ、あるいは事後的に不服申立や司法手続によって解決する方法を選択するにせよ、「公正なローカル・ルール」に基づいて行われる地域社会が法化社会の一つのイメージ像であると思います。その主たる担い手としての自治体の自主性、自立性を大きく高めたことが、第一次地方分権改革の成果なのでした。

ローカル・ルールの定義

ここでいうローカル・ルールとは、国家の一部の地域に適用される地域社会の実情に根ざしたルールのことであり、自治体又は住民が定立した、国家法に対して独自の意義を有する法的な規範と定義されています(3)。自治立法である条例や規則は当然として、自治体計画や要綱なども、ローカル・ルールの概念には含まれています。分権型社会にあっても、自治体計画や要綱の重要性を否定するのではなく、いずれもローカル・ルールとして地域社会における法治主義、法化社会の構築に一定の役割を果たすことが要求されるわけです。もちろん、自治立法である条例や規則がローカル・ルールの中心であることは言うまでもありません。

新たな法環境の創出にまい進する「交渉する自治体職員」

分権時代の自治体職員は、「自分の頭で」法政策や法解釈を「考え」、これを「実行」しようとするがゆえに、自治体組織内部で様々な葛藤が生じることになります。また、組織の外部においても複雑な諸関係の中で、できる限り多くの住民に満足してもらえるような解決策を模索しながら、多数の関係者との合意形成を図らなければならなくなります。その過程においては、多くの試行錯誤を繰り返し、まさに悪戦苦闘の連続になることを覚悟しなければなりません。決して、「格好良い」ものではないとも言えるでしょう。

しかし、こうした姿は、積極的、活動的で、地域や住民に眼を向けている自治体職員として描かれるのではないでしょうか。すなわち、地域の特性に適合した新たな法環境の創出にまい進する、「交渉する自治体職員」

が映り出されることになるのです。先ほど紹介した論文の中で北村教授が言われているように、政策法務を進めるのは人であり、それは自治体で働く、ごく普通の「平均的な職員」でなければなりません。地域社会における法治主義の徹底には、息の長い地道な取組みが必要であり、一部の特別な自治体職員がいくら活動しても、そこには限界があると思うのです。

今、自治体が実際に取り組んでいる変革の方向

しかし、現在、多くの自治体関係者にとって重大な関心事は、財政再建でしょう。分権適合型自治体あるいは法化社会の構築への取組みに全く無関心というわけではないものの、圧倒的多数の自治体関係者にとっては、財政難の克服は喫緊の課題であると思います。しかも、その具体策として注視されているのは、自治体の経営主義化という問題ではないでしょうか。そこで、まず、自治体の経営主義化について概観し、その上で政策法務との関係についても触れたいと思います。

二　経営主義化する自治体

NPM理論準拠主義の財政再建

現在、懸命に財政再建に取り組んでいる自治体は、従来のような減量型行政改革ではなく、民間企業の経営手法に倣った「自治体経営」又は「行政経営」というコンセプトに立脚した取組みを実践しています。そして、行政経営という考え方の背景には、ニュー・パブリック・マネジメント理論（以下「NPM理論」という）の存

在が大きな影響を与えています。ご存知の方も多いと思います。

ＮＰＭ理論の要素は、①権限と責任の委譲、②市場原理・競争原理の導入、③統制基準の変革、④組織改革の四点とされています。また、その実践では Plan-Do-See のマネジメント・サイクルが重要視されており、特にこれまでの自治体運営では重視されていなかった決算から予算へのフィードバックは、かなり自覚的になされなければ機能しないと言われています。さらに、マネジメント・サイクルの導入は行政組織内部における契約型システムの導入を促進することになります。企画部門と執行部門を分離し、目標と成果の明示とそれに対する評価が実施され、その結果次第で予算配分も異なってくるという仕組みです。現行制度上、地方独立行政法人やＰＦＩが契約型システムに基づいた制度であると考えられます[4]。

地方独立行政法人やＰＦＩが活用できる自治体は少数では？

もっとも、地方独立行政法人やＰＦＩを活用できる自治体、特に市町村は現状ではかなり限られてくるのではないでしょうか。地方独立行政法人を設立できるだけの人的・物的資源を有する市町村は、例えば市立大学の地方独立行政法人化を考えれば分かるように、事実上、政令市に限られてきます。また、ＰＦＩに関しては長期契約に耐えうるだけの規模と能力を有する民間企業となれば、必然的に大企業に限られてしまうため、「地元事業者の育成」という大義名分のある多くの市町村では、足踏みしてしまうように思います。また、ＰＦＩ手法を導入するとなれば、民間企業との間で長期間に及ぶ従来にない詳細な契約を締結しなければならないため、その内容をいかにして精査するのかという、自治体職員としての契約法務能力の問題も関係してくるのではないでしょうか[5]。

企業会計と財政難克服は無関係

また、行政マネジメント・サイクルとの関係では、財務諸表の作成やコスト分析などが議論の対象になっています。公会計における企業会計方式の導入については、仮に法改正がなされればそれが公的会計として登場することになるでしょう。もっとも、企業会計方式を導入すれば財政難が克服されるわけではないことは、公営企業会計の多くが赤字であることから実証済みです。それゆえ、企業会計方式の導入そのものが目的になってしまう弊に陥ることを回避することが重要です。

尼崎市の経営再建と事務事業評価システムの導入

さて、ここまで、私は、自治体の財政再建をまるで他人ごとのように書いてきましたが、とんでもありません。私が勤務する兵庫県尼崎市は、現在、全国でも稀に見る極度の財政難に苦しんでいます。そして、その対策として、平成一五年度から五カ年間の「経営再建プログラム」に基づいて、懸命に「経営再建」に取り組んでいます。また、行政マネジメント・サイクルを確立するため、平成一三年度から事務事業評価システムを導入しています。もっとも、現在までのところ、事務事業評価システムによる具体的な評価結果を踏まえて、事務事業の見直し、財政事情の改善といった大きな成果を出すまでには至っていません。

評価システムを浸透させるためには

決算から予算へのフィードバックの実施が進まない原因には、相変わらず予算重視の組織風土のままであり、事後評価に対する関心が高まらないことが第一の原因であると思います。このほか、議会日程も相当影響していると思います。多くの自治体議会では、一二月議会で一般会計・特別会計の前年度決算が審議されるのが通例だと思います。しかし、一二月市議会で決算認定がなされても、時期的に翌年度予算の編成作業は峠を越えているのが実情です。その後、決算に基づいて事務事業評価に関する資料を作成しても、これを活用できるのは早くて翌々年度予算を編成する時期になります。翌々年度予算編成作業において三年前の資料を予算編成にどう活用すればよいのか、多くの職員は戸惑うでしょうし、逆に「そんなことは十分検討している」という声も出てくるでしょう(6)。

これは尼崎市においても同様で、事務事業評価システム導入時に想定した日程では、毎年一〇月頃には前年度の評価を実施する予定だったのですが、どの職場も予算編成作業に時間を割いてしまうため、事務事業評価に関する事務が遅れがちになり、予定どおりに進めることはまだ実現できていません。

しかし、予算が単年度主義であるからといって、事務事業評価も単年度主義でなければならないという考え方にこだわる必要はないと思います。この点は、第四章で私なりの考え方を示したいと思います。

経営主義化の浸透度は不十分な状態

現在は、まだ移行過程にあるため、いずれの取組みも組織の末端にまで浸透していないというのが率直な感想です。現場レベルになると、ＮＰＭ理論という言葉さえ知らない職員も少なくありません。特に、裁量権と責任の委譲・明確化、つまり組織間における契約関係という考え方はほとんど知られていません。次章で述べますように、実態として組織間に序列が存在しているため、対等協力関係として組織内部において契約関係が構築されるまでにはまだかなりの時間を要すると思います。

我が身に影響する財政再建

厳しい財政事情の中にある自治体が、中長期的な視野に立った法化社会の構築よりも、まず、短期的に財政再建を優先しようとしていることなどが影響し、残念ながら政策法務に関心を持つ自治体職員は相対的には少数派のようです。政策法務によって具体的な成果を享受する機会は極めて限られている反面、給与カットなど、我が身に直接影響する財政再建に多くの自治体職員の関心が向いてしまうのは、やむを得ないとは思います。

まだそれほど関心が高くない政策法務

尼崎市では平成一六年度から本格的な政策法務研修を導入し、人材育成に本腰を入れ始めました。ただし、これまでの尼崎市は政策法務に関してはほとんど関心がなかったようです。その一つの根拠として、市議会会議録検索システムを用いて、「政策法務」と語句検索をしても、残念ながら全く発言記録が見つかりません。ちなみに近隣自治体議会の会議録検索システムで政策法務に関する発言記録を調べたところ、西宮市、伊丹市、宝塚市、川西市、姫路市では発言記録が残っています。ただし、いずれも、議論が活発だという印象は得られませんでした。

経営主義化と「協働」の関係

さて、市議会会議録検索システムの語句検索で、今度は「協働」を入力しますと、平成九年二月二一日第二〇回定例会において、市長答弁の中で初めて協働概念を使用しているのを見つけることができます。以後、「協働のまちづくり」、「市民との協働」などというフレーズが尼崎市においても頻繁に使用されるようになっています。また、尼崎市議会平成一四年二月二八日第四回定例会の議事録を読みますと、市長の所信表明において、初めて「行政経営改革」という言葉が使われており、協働のまちづくりに関する具体像についても答弁がなされています。つまり、少なくとも尼崎市においては協働と行政経営の直接的、あるいは論理的な結びつきについて説明はなされておらず、後になってから両者を結びつけた感があります。

ここで、尼崎市が定める「協働」概念の定義について紹介しておきましょう。尼崎市では二〇〇一年度（平成一三年度）から二〇一〇年度（平成二二年度）までの一〇年間を計画期間とする「尼崎市第二次総合基本計画」が策定されています。これは尼崎市基本構想のもとで策定されている計画です。そして、この第二次総合基本計画において、「協働」の定義が明記され、「市民、事業者、行政が、よりよい地域をつくっていくために対等のパートナーとして相互の役割や機能を分担し合い、連携しながら取り組むこと」としています。協働の仕組みを地域社会における普遍的状況として浸透させることを優先して取り組んでいく姿勢であると解釈しておきたいと思います。

三　顧客主義と政策法務

地方自治における顧客主義概念

経営主義化との関係で登場してきたものに、顧客主義、顧客志向というものがあります。自治体職員にとって住民を顧客として考えることに対しては、まだ抵抗感を持ってしまうかもしれません。しかし、顧客主義の意味を、地域の価値創造、地域の最適化を実現することにすれば、主権在民へと直結した概念として理解しやすいでしょう。したがって、顧客主義が窓口で我がまま勝手を主張する住民の言いなりになることでないのは言うまでもありません。地域の最適化という公益実現のためであるがゆえに、住民に対して時間的、経済的な負担を求めることも肯定されるのです[7]。

顧客主義が政策法務を導くという構成

このような意味における顧客主義と政策法務は一見、無関係なように思われます。実際、自治体行政を経営という視点から考え、実践することについては、尼崎市においても熱心に取り組まれていますが、政策法務との関係について具体的に記述された公式資料は見当たりません。そこで、ここでは次のような論理モデルを試作してみました。

すなわち、地域の特性に即した自治体経営を求めてくる顧客である住民に対しては、従来の国・県からの通達待ち行政は通用しなくなり、自治立法、法の自主解釈などを中心として、自治体が積極的に法を使いこなすことが求められます。例えば、分権開始以前には、国による制約が厳しいため、自治体と住民が交渉したとしても、「国がダメと言っている」、「法律上、できない」と簡単に拒絶することが可能で、それに対する批判、非難もかなり回避できました。しかし、分権型社会においては、そうした発言は、「無責任である」、「もっと知恵を絞れ」という批判へと即座につながっていくことになるのです。

この結果、自治体現場は政策法務への必要性を認識しなければならず、否応でも従来型の通達依存症から脱却し、法の自主解釈などの対策を講じることになります。また、法令審査を担当している部署が今までと同じように先例や行政実例、通達依存症のままであれば、顧客主義の実現は遠のくことになるでしょう。それゆえ、自治体職員は組織内部においてもより積極的、主体的に法を使いこなすことが要求されるようになります。

この論理モデルから、「交渉する自治体職員」のコンセプトが、顧客志向であるということも理解してもらえるのではないでしょうか。

経営主義化と法治国家としての正当性の確保

いくら自治体が企業経営に倣うといっても、自治体が民間企業と異なる性格を有していることは紛れも無い事実です。法的にも利潤追求を目的とすることを求められていません。むしろ、自治体は生活保護行政に代表されるように、一般的に受止められる経営という言葉からは最も乖離する問題にも積極的に取り組む義務が課されています。経営主義化が自治体による弱者切捨ての口実になってはいけないとともに、民間企業の商法違反事件などに如実に現れるような、経営のためなら違法行為もやむを得ないという発想と行動が自治体の経営主義化という看板の裏側に書かれていることへの危惧を払拭する必要があります。そのためには、自治体が経営主体として変革するならばこそ、法との関わり合いを一層深化させ、法治国家としての正当性を確保することが求められると考えるべきなのです。つまり、公正なローカル・ルールに基づいた「自治体経営」を確立しなければならないということです。

また、私がわざわざ「公正なローカル・ルール」と表現しているのは、その定立したローカル・ルールをいかにして解釈し、これを個々の事例に適用し、適切な解決を導くかということに一層の関心を向けるべきだと思っているからです。すなわち、公正なローカル・ルールの定立と「公正な」適用を通した自治体経営を推進していくためにも政策法務が求められわけです。経営主義化と政策法務を分離して考えるのではなく、有機的に結びつけた思考と実践が求められる時代になっているとも言えるでしょう。

四　交渉と自治体職員

自治体職員がなすべき交渉とは

おそらく、多くの方は、「自治体職員は職務遂行の中で交渉をしている」などと言われてもなかなか馴染めず、違和感があると思います。実際、今、自治体で交渉を仕事だと明確に意識している職員となれば、例えば用地買収などを担当している人などに限られることになるでしょう。実は、私も交渉というのは、何らかの利害が対立する「争い」が発生したときに話合いによって円満に解決することであると考えていたのですから、偉そうなことは言えません。また、自治体職員が携わる交渉と言えば、原則として住民との間でなされるものであり、分権改革によって今後は自治体間、国と自治体間でも交渉がなされる機会は増えるだろうと漠然と考えていたに過ぎませんでした。

交渉は住民との間でなされるものだという考え方は、自分自身の職務上の経験からそのように思っていただけで、何か明確な科学的根拠を有しているわけではなかったのです。要するに非常に狭い範囲で交渉というものを考えていたということです。

「争い」の発生とは無関係に行われる交渉

しかし、交渉をこのように狭く、あるいは何か特別なこととして考えることは改める必要があるでしょう。なぜなら、この場合の交渉は「争い」が発生した場合に限られているからです。しかし、「争い」が発生しない場合でも、相互の利益を獲得するために交渉はなされるものなのです。そして自治体職員は職務上、組織の内外において、実に様々な交渉に携わっているのです。

交渉に対するイメージ調査

では、「交渉」という言葉に対して、一般にはどのようなイメージを持たれているでしょうか。この点について大きな調査研究は見当たらないものの、手がかりになる報告はあります。マネジメント・コンサルタントの藤木清次氏は、ご自身が主宰する社団法人日本経営士会東京支部アウトソーシング研究会のメンバーを主たる対象として、「交渉のイメージ」について二〇〇〇年（平成一二年）四月にアンケート調査を実施されています(8)。サンプル数が三八名と少数であるため、あくまで参考データとしての役割にとどまるかもしれませんが、非常に興味深く感じます。

まず、「交渉という言葉が好きですか」という問いに対して、「好き」が一三名（三四％）、「嫌い」が六名（一六％）、そして「どちらでもない」が一八名（四七％）という結果を示されています。そして、交渉からイメージされる「色」はグレーであるという回答が一三名（三四％）と最多であり、「具体的関係」についてはトラブル関係、企業間提携関係、売買関係、クレーム関係などとなっています。

色がグレーで、具体的関係がトラブルという結果は交渉というものに対するマイナスのイメージも潜在的に有していると考えることが可能だと思います。日本人は交渉を苦手にしていることと関係があるのでしょうか。先に述べたように、交渉は何か利害が対立した、争いごとを解決する場合に行うものであり、それ以外に日常的に行うものではないと狭く理解しているとも受け止められます。私たちは日常の生活でも交渉をしているのですが、あらたまって交渉に対するイメージを尋ねられると、こうした意識が反映されるのは興味深く感じます。

分権時代における交渉による政府間関係の構築

さて、分権改革によって自治体は自己決定・自己責任が求められるようになり、かつ、自治体と国との関係については上下主従関係から対等協力関係になったと言われています。分権時代においては、「国の通達に書かれている」「県がダメだと言っている」という依存行政から決別し、交渉によって意見を主張し合い、お互いが満足する成果を獲得するという政府間関係が構築されなければなりません。また、住民との間でも同様に交渉をし、相互に満足のできる合意を得なければ地域の特性に適合したまちづくりはできないように思うのです。それゆえ、自治体職員も交渉というものに無関心でいることは許されないと思います。つまり、日本こそ国を挙げて積極的に交渉を科学的に研究し、実践しなければならないのです。その中でも特に市町村は自治体としての交渉能力の向上に関心を向けるべきでしょう。

交渉学の台頭と期待

学問としての交渉は、法社会学において紛争と交渉に関する豊富な研究業績があり、法交渉学や法的交渉論という研究分野も存在しています。また、最近はようやく「交渉学」という研究分野が台頭してきており、研究団体として日本交渉学会がＮＰＯ法人として活動をしています。(9) 交渉学が更に発展することを期待したいものです。

「立場駆引き型交渉」は誤った考え方

ここで確認しておかなければならないことは、交渉とは自分の主張をいかにして相手に受け入れさせることができるかという問題、つまり交渉を駆引き、あるいは勝負事として考えている人が非常に多いということです。これは日本人に特に多く見受けられるようです。交渉論でしばしば引用される例を用いれば、一個のオレンジを分けるに際して、いかにして相手よりも多く獲得できるかどうかという問題を交渉として考えてきたわけです。このような意味での交渉を行うことになれば、交渉に勝った場合には多くの利益を獲得できますが、相手には不平・不満が残るため、一回限りの交渉であればともかく、長年に渡る継続的な交渉相手としては認められなくなるという欠点があります。このような交渉を「立場駆引き型交渉」と言い、常に交渉当事者のいずれか一方が損をしたという感情を残してしまうことになるわけです。人間は感情に影響される動物です。損をさせられたという思いは相互の信頼関係構築にマイナスになることは言うまでもありません[10]。

このような例えは、いかにもビジネス交渉を想定しがちですが、交渉当事者が自治体職員と住民、あるいは自治体職員同士であっても同じだと思います。自治体の特定部署では重大な懸案事項となっている問題について、それを自治体として解決すべき問題と考えずに、組織内における自分の立場に置き換えて職員間で交渉を行ったことがある経験を有する方は少なくないと思います。これが立場駆引き型交渉であり、現実に数多くなされている交渉なのです。

問題の先送りと立場駆引き型交渉

自治体において立場駆引き型交渉がなされることについては、もっと重大な問題点があります。つまり、立場駆引き型交渉は自分の組織内の立場によって行う交渉であるため、その立場を守るという私益には貢献しても、自治体として本来獲得すべき利益としての懸案事項などの解決は置き去りにされたままとなり、「問題の先送り」へと結びついていくということです。自治体における立場駆引き型交渉の最も大きな弊害ではないかと考えています。「問題の先送り」という病理現象の背景には、立場駆引き型交渉が存在しているのです。

また、自治体職員が住民との交渉において立場駆引き型交渉を実践し続けた場合、当然ながら、住民との信頼関係の構築は、不可能になります。住民との協働関係の構築を唱えつつ、いざ交渉事件が発生すれば立場駆引き型交渉で臨んでいれば、協働関係の構築など誰も信用しなくなると考えることに反論は困難ではないでしょうか。

原則立脚型交渉

交渉を科学的に研究している先進国はアメリカで、ハーバード大学交渉学研究所は有名です。すでにその研究成果である「原則立脚型交渉」は科学的な交渉理論として、既に何年も前から注目されています。原則立脚型交渉とは、「人と問題」を分離し、当事者の立場ではなく、その背景にある利害に着目すること、決定する前にできるだけ多くの可能性を考え出し、そして結果はあくまで客観的基準によるべきことを主張している交渉理論です[11]。

よく使われる具体例で説明すれば、一個のオレンジを分けるに際して、いかにして相手よりも多く獲得できるかではなく、一方当事者はオレンジ・ジュースを作りたいからオレンジの実だけが欲しい、もう一方の当事者はマーマレードを作るからオレンジの皮だけが欲しいという、交渉の背景にある当事者の真の利害に着目すれば、双方が満足できる交渉が成り立つ可能性が高いというのが、「原則立脚型交渉」の考え方なのです。

また、「客観的基準」とは「公正な基準」と言い換えることができます。例えば、交通事故の示談交渉において、損害賠償金や過失相殺の割合を算出する場合、相手が大企業の社長であっても、専業主婦であっても、その算出基準は「公正」なもの、例えば過去の最高裁判例や厚生労働省が出している賃金構造基本統計調査報告（いわゆる賃金センサス）などの公式データに基づいて行うことで、大きな不満を残したまま幕を引く可能性はかなり回避できるのです。

原則立脚型交渉は、立場で駆引きをしても決して好ましい結果を発生させないという基本的なコンセプトが背景にあります。本当の利害に目をやって交渉をすることで、相互が満足する結果を招くことこそが交渉のあるべき姿であるという考え方には共感を覚えます。

自治体職員による交渉は地域の最適化を目指す目的的行動

自治体職員による交渉は、話合いによって、地域における課題を解決し、究極的には、地域の最適化という公益の実現を目指すための合意を目的とする行動です。当事者双方が情報を共有し、信頼関係を築くとともに、創造力を活かして、分け合うオレンジを複数個に拡大できないかと考える協働作業とも言えるでしょう[12]。そのプロセスでは双方が自己の利益を主張し、「公正な基準」に基づいた説明を行い、相手に説得するという複合的なプロセスを経て、最終的には双方が満足した上で合意するという基本的なスタイルがイメージできると思います。

ともかく、交渉という言葉から直感的にイメージされてしまう、駆引きや勝負事といったダーティなイメージを一度捨てる必要があると思います。

自治体における交渉の分類

では、自治体職員がする交渉にはどのようなものがあるのか、簡潔に整理しておきましょう。大分類としては、内部交渉と外部交渉に分けることができます。

内部交渉の具体例と危惧すべきこと

内部交渉の具体例としては予算配分交渉、組織改正交渉、人員配置交渉などが典型的なものでしょう。これに加えて、特定部署における懸案事項の解決に関する交渉はかなり複合的な要素を含むものです。また、政策法務に関しては、条例や規則の制定改廃や法解釈についても、実際には原課と法制担当などとの間で交渉がなされています。内部交渉は職員間交渉と言い換えることができるでしょう。

内部交渉で注意しなければならないことは、次章で述べるように自治体組織には実質的な階層としての「序列」が存在していることが、分権時代には大きく影響してくるのではないかということです。組織階層の序列上位に属する職員に対する序列下位の職員の交渉手法としては、例えば、分権開始前までならば国が基準数を定めていた福祉事務所のケースワーカーは、規制が存在したゆえに人員拡充の要求ができたり、道路整備事業には手厚い補助金や起債がつくので事業化できるなどといったことで成果を獲得できました。ところが、分権改革が始まり、国や県からの通知・通達は法的拘束力がなくなり、自治体独自に決定できる範囲が広まるとともに、いわゆる三位一体改革などで補助金の統廃合などが進んでいけば、原課と企画・財政部門などとの間に存在する組織の序列がそのまま反映された交渉結果になることが予測されます。そうなると末端現場にいる職員までもが分権改革に懐疑的になり、「昔のほうが良かった」という一種の郷愁意識が広まってしまうということになりかねません(13)。それが分権型社会の発展にマイナスになることは言うまでもないでしょう。

外部交渉の具体例と分権時代の特徴

対外的な交渉としては、住民との交渉のほか、他の自治体、あるいは国の関係機関との交渉、いわゆる政府間交渉などもこれからは増加するものと思います。

住民との交渉は政策執行過程などにおける事故やトラブルに伴う損害賠償に関するものにとどまらず、例えば公共事業に伴う用地買収交渉、行財政改革に伴う公共施設の統廃合に伴う地元住民への説明会などによる交渉に時間と労力を費やしていることは、多くの自治体職員の方々が経験されていると思います。政府間交渉で目立つのは、地方分権一括法で認められた法定外税の創設に伴う総務大臣の同意を得るための事前協議ではないでしょうか。また、構造改革特区に関する政府間交渉も、最近注目されている問題ではないでしょうか。

交渉の分類を整理したのが、次の図表1になります。内部交渉としての、予算配分交渉、組織改編交渉、そして人員配置交渉は、自治体に限らず、民間企業でもごく当たり前になされていると思います。また、条例制定改廃交渉というのは、特に分権時代において独自事務条例を制定するに当たり、原課と法規担当課との法律論争を想定したものです。

外部交渉では、例えば経営改革交渉というのは、公共施設の統廃合などに伴う地域住民との交渉を指します。

〈図表1〉交渉の分類（試案）

- 内部交渉＝職員間交渉
  - 予算配分交渉、組織改編交渉、人員配置交渉
  - 懸案事項解決交渉、条例制定改廃交渉
- 外部交渉
  - 対住民交渉……用地買収交渉、示談交渉、窓口交渉
    経営改革交渉、地方税創設交渉など
  - 政府間交渉……法定外税創設に伴う事前協議など

五　政策法務と「交渉する自治体職員」

政策法務とは何か

地方分権改革論議を契機に活発になっている政策法務の定義についてはなお定説は存在していません。本書においては、**政策法務とは、「自治体職員が積極的、主体的に法を使いこなし、地域の特性に適合した法環境の創出を目指して、法的諸課題を解決していくための思考と実践」**としておきます。[14] 究極的には地域の最適化を実現することが含まれていることは言うまでもありません。

もちろん、この定義は私が全く独創的に作り上げたものなどではなく、多くの先駆的業績から多大な教えや影響を受けてのものです。[15] 国からの通達などに過剰なまでに依存してきた自治体行政から分権適合型自治体への転換を意識した定義にしています。そして自治体活動としての政策法務としてではなく、自治体職員を主体として構成した定義づけである点は、私自身を含めた自治体職員への意識変革を促すことも意図しているわけです。

自治体法務と政策法務

また、自治体法務と政策法務との概念整理としては、松下圭一・法政大学名誉教授に代表されるように、訴訟法務と政策法務を分け、訴訟法務を含めたものが自治体法務、訴訟法務を除いた自治立法や法の自治解釈などが政策法務であり、政策法務は自治体法務の構成部分とされる考え方が通例のようです。[16]

こうした考え方に異論を差し挟む気持ちはありませんが、現時点において、私は、いわゆるストリート・レベルの平均的自治体職員への意識啓発も兼ねて、あえて「政策法務」あるいは「自治体政策法務」という表現だけを使っています。一線現場の自治体職員にとっては、自分の仕事が法務の要素を有していると考えることに対しては、まだかなり距離感を持つ人が多いと思います。そこで、少しでも関心を持ってもらうためには、そうした自治体職員たちにとって、やや野心的な表現の方がインパクトが生じて良いのではないかという思いを持っています。

「自治体職員の法使用」概念

私が政策法務の定義で用いている「積極的、主体的に法を使いこなす」という表現は、「法使用」という法社会学上の概念に由来しています。すなわち、「法使用」概念は、法システムの作動に対して関わっていくもので、法遵守・逸脱行動、法運動と並ぶ法行動の一つの類型として整理されています[17]。また、法社会学における法使用の定義は、「社会を構成する個人や組織が、自己の抱えている法律問題に対処するために、問題の法的処理のために用意されている制度的な仕組みを利用すること」であるとされています[18]。

そこで、こうした法社会学における実績に加え、山口道昭教授による政策法務の観点から見た自治体職員の四類型からヒントをいただき[19]、政策法務の研究を行うに当たっては、「自治体職員の法使用」という啓発的な概念の提示を試みています。政策法務を職場で議論することさえできない環境から脱皮するために、何か新たなコンセプトが出来ないものかと思案していたところ、ちょっとした「思いつき」で作り上げたものです。すなわち、自治体職員の「法」に対する「挑戦」、「回避」、「無視」という三つの態様を設定し、自治体職員が職務遂行上、何らかの「法的課題」に直面した場合にいかにして「法使用」に取組み、当該法的課題の解決に至る姿をイメージしています。私の政策法務論における中核的概念になります。

「法」に対する三つの態様

では、自治体職員の「法」に対する三つの態様、すなわち「挑戦」、「回避」、「無視」とは何でしょうか。まず「挑戦」とは、まさに「法使用」そのものであり、法的課題に直面した場合、独自の自治立法や法の自主解釈によって解決を進めていこうとする積極的な態様を表現したものです。

次に「回避」とは、法的課題に対して、法使用を直接行うことは避けて解決しようとする態様で、代表例が要綱行政です。要綱行政は、法使用の回避による法的課題への対応であると考えています。要綱行政は集権時代における自治体の知恵であったと言われていますが、実際に自治体現場で仕事をしていて、特に法との関係を意識しないまま、要綱に対する依存傾向が強いことには、疑問符を付けざるを得ません。「法を積極的、主体的に使いこなす」という意味での「法使用」という点からは、少しはずれてくると言うべきでしょう。

そして「無視」とは、法とは異なるアプローチで対応し、解決しようとする態様です。現実に、無視は相当数存在するのではないでしょうか。例えば、地元有力者などに働きかけて、その人脈などによって、いわば力によって問題を沈静化させることなどが考えられるでしょう。この場合、表面的には問題は収まったように見えても、地域の最適化という点では疑問符がつくのです。具体的に実証することが、私には非常に難しいのですが、「無視」とは、こうしたことを意味しています。

これらは法的課題を何がしかの方法で解決しようとする姿勢であるという点では共通していると理解できます。しかし、現実には、法的課題に直面しているにもかかわらず、それから目をそらす「逃避行動」を加えることができると思います。「問題の先送り」という病理現象は「立場駆引き型交渉」と連結しつつ、この逃避行動とも重複すると考えてよいのではないでしょうか。この場合、課題は放置されたままということになります。

〈図表2〉自治体職員の法的課題への態様

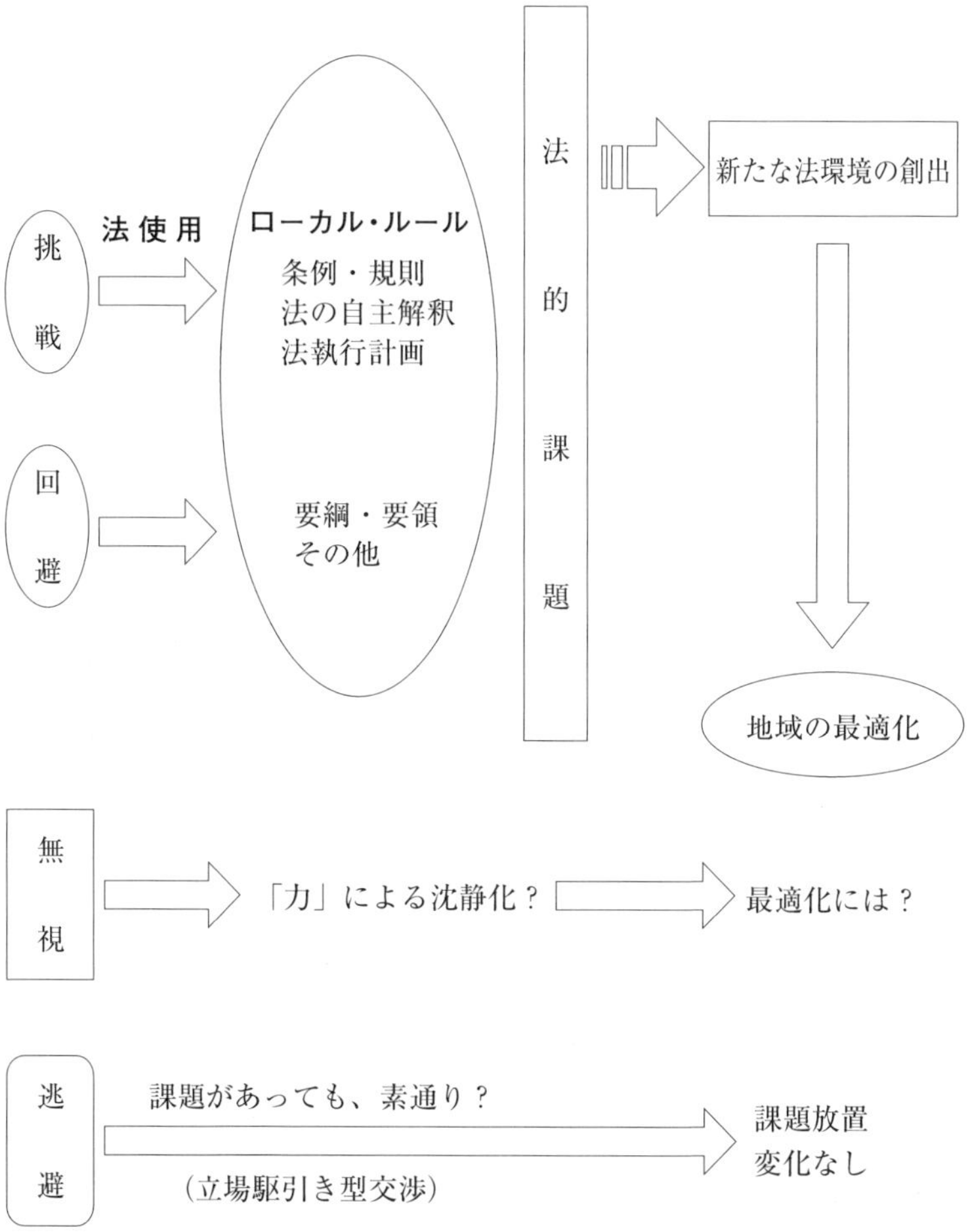

そもそもは政策法務への啓発目的

「自治体職員の法使用」という概念は、そもそもは政策法務への取組みを啓発するためのものですから、法社会学上の法使用概念とは少し距離を置き、自治体職員が地域における法的諸課題の解決を目指して、自治立法、法の自主解釈など、法を積極的、主体的に使いこなすことを念頭に置いた包括的な概念として構成したいと思っています。勿論、「法使用」の前提として「法遵守」がなされているべきことは言うまでもありません。自治体職員、そして自治体による法遵守がなされるからこそ、法使用が肯定されるのです。

紛争解決法務、政策法務ネットワークへの覚醒？

また、少し前までの私は、紛争や訴訟に伴う法務は副次的な位置づけとして考えていましたが、本書では少し軌道修正し、紛争解決のための法務も自治体職員が法使用を実践する重要な場であると構成しようと思います。

このほか、インターネットや電子メールなどを積極的に駆使して、政策法務に関心がある自治体関係者や専門研究者の人たちとの間でネットワークを構築し、情報交換をすることなども、政策法務を研究し、実践していく上で強力な武器になると考えるようになっています。

「交渉法務」の提唱

私は、事故やトラブルに伴う示談交渉などの実務経験から、自治体職員による交渉は単なる事実行為ではなく、法務の要素を多分に含んでいると考えるようになり、「交渉法務」という概念を提唱しました。その後、さらに、そこから進んで、自治体職員が政策法務を展開していくならば、その過程においてなされる交渉は、何らかの法務の要素を含んでいると考えるようになっています。自治体現場における法務意識を浸透させるためにも、こうした考え方や視点は無駄なことではないと思っています。

例えば、図表１で示した交渉の分類において、予算配分交渉とは、自治体予算の配分を内部的に決定するための合意交渉であり、最終的に首長がそれを決定し、議会の議決を経ることで、執行段階で法的な拘束力が生じます。あるいは、組織改編交渉ならば、行政組織法の一種である事務分掌条例に関する交渉と考えられるのです。このように考えれば、法と全く無関係な交渉は、むしろ稀ではないでしょうか。

「法的な対話」と「交渉法務」

政策法務過程における自治体職員の交渉について、このような視点から考える場合に触れておくべき問題に、九州大学大学院法学研究院の木佐茂男教授が提唱されている「法的な対話」概念との関係があります。「法的な対話」という概念は元々はドイツ基本法（わが国の憲法に相当）一〇三条一項上の法的聴聞Rechtsgesprächを木佐教授が直訳した概念です[20]。木佐教授はこの概念を敷衍して、不利益処分を課す場合、窓口での応対など自治体活動のあらゆる場面において住民との「法的な対話」の重要性を強調されています[21]。ドイツ基本法で定められている法概念を日本の地方自治の現場に運んでこられたわけです。

訴訟法務と「法的な対話」

さて、「法的な対話」はドイツの憲法、司法制度からの概念であり、交渉法務は私の市役所での経験を元に創り出した概念であるため、〝出生元〟が全く異なります。「法的な対話」は主として自治体職員と住民との関係を中心に論じられているようであり、対外的な関係ではドイツの訴訟手続から発生した概念であるため、例えば自治体の訴訟法務における対応のあり方にも「法的な対話」の概念を導入されています。

訴訟事務に懐疑的な交渉法務

一方、交渉法務も、訴訟法務には関心はありますが、あくまで現場での実務から構築した概念であるため、「住民の早期救済」、「早期の解決」という点に絞れば、わざわざ時間とカネと手間を要する訴訟で解決するくらいなら、「公正な基準」に基づいて、現場の話合いで早期かつ円満に解決することができる能力を向上させることのほうが、分権時代の自治体職員にはふさわしいのではないか、あるいは、トータルとしては低コストで済むのではないかという意識に根ざしています。また、住民との紛争を裁判所という第三者機関の判断に拠りかかることで、賠償金の支払いを自動的に正当化できるという考え、つまり、説明責任を省略しようとする思考があるのではないかという不信感も背景にあります。私はこうした対応は「訴訟法務」ではなく、単なる「訴訟事務」であると考えています。

本書ではこれ以上、両概念の関係を厳密に論じることはできませんが、少なくとも相対立するものではないことは確かなように思います。

六　分かりやすさと馴染みやすさを重視した政策法務の体系（試案）

行政マネジメント・サイクルと政策法務の体系

本章の最後に、政策法務の体系について補足的に触れておきたいと思います。政策法務の体系論に関しては、必ずしも定説があるわけではありません。[22]ただ、最近の主流は、行政マネジメントサイクルであるPlan-Do-Seeに連動させ、時系列的に「立法法務―執行法務―評価・争訟法務」という三段階説と言える体系が自治体職員にとっては馴染みやすいと思います。[23]三段階説以外の体系としては、例えば立法指針や係争処理を含めた五段階説、[24]あるいはガバナンス戦略、立法指針、自治立法、行政実施、係争処理・争訟、評価という六段階から構成している考え方もあります。[25]

確かに三段階説はシンプルで分かりやすいとは思いますが、本書では日頃、政策法務とは余り縁のない自治体現場の末端職員にも政策法務に関心を持ってもらい、少しでも理解してもらいたいために、もう少し噛み砕いた体系にしたいと思います。

自治立法法務

まず、「立法法務」という表現を自治体の立法であることをより明確にするため、「自治立法法務」と表現することにします。その内容は条例・規則の制定改廃はもちろん、自治体として「条例による行政の原則」を明確にするための自治立法指針の制定を促進するためにも自治立法法務として位置づけるべきだと思います。

執行法務には計画や要綱も含める

また、「執行法務」という表現は何か強制的に実施するというイメージに結びつきやすく、誤解を招くかもしれません。しかし、行政というのは、本来、何がしかの強制力を伴うものと割り切ることも可能です。それゆえ執行法務という概念はこのまま用いることとし、法の自主解釈と条例・規則の執行を中核とします。また、例えば窓口法務、福祉法務、介護保険法務などのように、個別の仕事や職場で法務を意識するための造語を用いれば意識啓発にもなるし、仕事に対する付加価値を高めるインセンティブにもなると思います。

これに加え、実務上は要綱の重要性は衰えていないこと、法令・条例などに基づく自治体計画は「法の執行」を具体化したものという要素を多分に含んでいると理解できます[26]。そこで、要綱と自治体計画の制定改廃は執行法務として位置づけることにします。ただし、例えば小学校の校舎の補修工事に関する計画表のようなものは、名称は計画であっても実質は単なる工事の予定表であり、政策構想としての計画の要素を持たないため、対象から除外しておきます。

紛争解決法務

不服申立、行政訴訟、国家賠償訴訟などについても、住民を対立する敵と考えずに、相互の利害を最大化するための紛争解決の場であると考えます。一方、国地方係争処理委員会などについて、政府間関係における交渉の場として考えることに対する抵抗感は少ないでしょう。

そこで、こうした分野を紛争解決法務と表現する方が分かりやすいと思います。また、ここで言う「解決」という概念には独自の意味を付与すべきであると考えています。詳しくは第三章で論じることにします。

特に重要な評価法務

評価法務は政策法務体系の最後に位置づけ、これによって体系を完結させます。現在のところ、評価法務に関しては、従前のものを検証しなければならない点を過剰に意識しすぎているため、自治体職員には抵抗感が強く、消極的な印象です。内部交渉という視点からもかなりやりにくいのではないかと思っています。しかし、評価法務の定着、浸透こそが地域の最適化を実現するのための政策法務として決定的な影響力を有していると考えています。評価法務については第四章で再び論じたいと思っています。

〈図表3〉政策法務の体系（試案）＝4段階説

Plan	自治立法法務	自治立法指針、条例・規則の制定改廃。
Do	執行法務	法の自治解釈と条例等の執行を中核とする。個別の執行法務内容は、例えば、窓口法務、介護保険法務、福祉法務などの表現を活用する。現場レベルの日常的な法務はここに包含してしまう（啓発目的）。また、要綱・自治体計画の制定改廃及び実施は、法の執行を具体化したものであると考え、執行法務として位置づける。
See	紛争解決法務	窓口での住民とのトラブル処理、現場での住民との紛争などのほか、不服申立、係争処理、各種訴訟など
	評価法務	法環境の変化、訴訟等の結果に伴う条例改正・廃止、解釈・運用の変更など

（1）北村喜宣「自治体の法環境と政策法務」『都市問題』第九五巻第五号、二〇〇四年、四頁～七頁。なお、北村喜宣「刊行にあたって」同編著・財団法人地方自治総合研究所編集協力『ポスト分権改革の条例法務——自治体現場は変わったか』（ぎょうせい、二〇〇三年）ⅱ頁参照。

(2) 法化概念についての簡潔な整理としては、阿部昌樹『争訟化する地方自治』(勁草書房、二〇〇三年)一五頁～一九頁参照。
(3) 財団法人日本都市センター『分権型社会における自治体法務―その視点とフレーム』(二〇〇一年、財団法人日本都市センター)四三頁～四四頁。
(4) 宮脇淳『公共経営論』(PHP研究所、二〇〇三年)四六頁以下参照。
(5) NPM理論と自治体法務の関係については、田中孝男・木佐茂男『テキストブック自治体法務』(ぎょうせい、二〇〇四年)第八章参照。
(6) 西川伸一『この国の政治を変える会計検査院の潜在力』(五月書房、二〇〇三年)第三章では、決算改革について詳細に論じられている。
(7) 注(4)書、七二頁～七五頁。
(8) 藤木清次「交渉の機能と法的構成」日本交渉学会誌VOL.11 No.1 通巻一二号(二〇〇一年)七二頁以下。
(9) http://www5a.biglobe.ne.jp/jiinego/
(10) 田村次朗『交渉の戦略』(ダイヤモンド社、二〇〇四年)一一七頁～一二二頁。
(11) ロジャー・フィッシャー、ウィリアム・ユーリー、ブルース・ハットソン(金山宣夫・浅井和子訳)『新版 ハーバード流交渉術』(TBSブルタニカ、一九九八年)一六頁～二一頁。
(12) 注(10)書、一二三頁、一七二頁～一八三頁参照。
(13) 注(1)北村編著書九七頁～一〇〇頁参照。
(14) 「地域の特性」については、北村喜宣『分権改革と条例』(弘文堂、二〇〇四年)第五章で詳細に論じられている。地域の特性の内実については、一二四頁～一二五頁参照。
(15) 代表的なものに、木佐茂男編著『自治体法務入門〔第二版〕』(ぎょうせい、二〇〇〇年)二八三頁～二八四頁、山口道昭『政策法務入門』(信山社、二〇〇二年)八頁～九頁、北村喜宣『自治力の冒険』(信山社、二〇〇三年)二八頁など。なお、最新の文献として、注(5)書、五頁～九頁参照。
(16) 松下圭一『自治体は変わるか』(岩波書店、一九九九年)一〇四頁～一二二頁。
(17) 宮澤節生『法過程のリアリティ』(信山社、一九九四年)六頁～八頁。
(18) 六本佳平『日本の法システム』(放送大学教育振興会、二〇〇〇年)六四頁。
(19) 山口、注(15)書、二五頁～二七頁。

(20) 木佐茂男『人間の尊厳と司法権』（日本評論社、一九九〇年）三六八頁以下。
(21) 木佐茂男編著『自治体法務入門〔第二版〕』（ぎょうせい、二〇〇〇年）一九〇頁～一九二頁、一九六頁～一九七頁。また、注（5）書、一四一頁以下も参照。
(22) 注（5）書、一三頁～一五頁では、政策法務論の新潮流として、政策法務論の定義ないし体系化に関する現在の状況を簡潔に紹介されている。
(23) 鈴木庸夫編集代表『政策法務の理論と実践』（第一法規、二〇〇三年）六二一頁以下。
(24) 山口、注（15）書、九頁。
(25) 北村喜宣・磯崎初仁・山口道昭『政策法務研修テキスト』（第一法規、二〇〇三年）六頁～七頁。
(26) 注（5）書、第七章では法執行計画という新たな計画概念について論じられている。

第二章　交渉する自治体職員［I］―組織内意思決定過程―

一　組織内意思決定過程を描くに際しての視点

自治体の内部交渉

前章において述べましたが、自治体職員は組織内部において交渉をすることが多々あります。組織内部とはいっても相互の立場や利害、組織の役割などが異なる以上、交渉過程で衝突することがしばしば発生します。中には自分の手柄だけを考える管理職を相手に、組織相互の使命を実現するために敢えて相手の懐に入り込んでいく捨身の戦法を取らざるを得ないことも少なくありません。同じ市役所で仕事をしていても、組織内が縦割りの病理に侵されているため、職員間の交渉の方が難しいと感じる方は少なくないでしょう。逆に、一般に難しいと考えられている住民との交渉であっても、良識のある人ならば相互に率直な意見交換が出来ることも多いのはないでしょうか。

また、協働関係が前提となっている問題への対応なのか、紛争・争訟に関する内部交渉なのかによって、本来ならば内部交渉のあり方にも差異が発生するのが当然です。ただ、現実には組織の病理が横たわっているため、そう理想どおりにはいきません。ここでいう組織の病理とは、「問題の先送り」という病理現象と組織間の序列の存在です。

内部調整か交渉か

現実に組織内部で交渉に携わっている自治体職員は、自分が交渉を行っているという認識は希薄で、どちらかと言えば「内部調整」という表現の方が親和的だと思います。内部調整あるいは調整という概念は、組織単位での活動を見た場合のもので、交渉行動は職員個人単位で見たものと説明することができるでしょう。職員個人単位での行動としては、主観的には交渉という認識は無くても、客観的には交渉行動として評価されるのです。交渉学においては、民間企業の経営活動においても研究開発活動や生産活動などの領域における内部交渉が当然に存在することを前提としており、自治体内部の交渉も同様に肯定できるわけです。

自治体組織内における執行法務

政策法務論の中でも、自治立法法務、すなわち条例の制定改廃に関する事務は、その自治体組織にすれば「大イベント」になっているため、職員はその重要性を嫌でも認識するでしょう。しかし、執行法務となれば、自分たちが毎日当然のごとく携わっている仕事であり、特別なことと認識することは少ないのです。

執行法務を特別視しない原因

自治体職員が執行法務を特別なことと認識していない原因の一つに、法の解釈、運用が分権施行前から存在する国からの通知・通達によってマニュアル化され、そのマニュアルに忠実に沿った仕事をしていれば上司からクレームをつけられることもなく、また、万が一、住民との間で法的な紛争が発生した場合でも、それはやむを得ないことであり、職員個人が責任を問われることはないという意識を指摘することができると思います。

さらに言えば、仮に法的な問題が発生した場合であっても、主体的に法を解釈し、適用することによってその問題を解決するようなことは、自分たちにはとても手に負えないことであり、責任問題に発展すれば対応しかねるという意識も、こうした姿勢に拍車をかけていると言えるでしょう。

執行法務をめぐる交渉

執行法務が自治体組織内で問題になるケースとしては、少なくともその職場にとっては全く未知の新たな法的課題が発生し、それを現状の法の枠内で解決しなければならないときです。そのような実例を素材にしたケースを取り上げ、その中でなされた自治体職員の交渉行動を中心に自治体組織内の意思決定過程を描き出すことで、その実像に迫ることができると思います。

描き出すべき実像の視点としては、立場駆引き型交渉であることを前提としつつ、組織の法的な性格、形態ではなく、職員が組織内で意思決定交渉を行う場合に、「法」をどのように意識し、「法」からどのような影響を受けているのか、また、組織内において職員間ではいかなる影響を及ぼしあっているのか、さらに、内部組織に存在する組織間の影響関係によって職員の交渉行動がいかに規制されているかというものです。内部組織間に存在する影響関係とは、自治体組織が階層的に構成されていることを前提にした視点です。

組織内意思決定過程の実情

執行法務に関する組織内意思決定過程の中核には、交渉においていかに問題解決の重要性や緊急性が強調され、仮にその認識が共有されたとしても、自治体職員が主体的に法に関与して問題の解決を図ろうとすることからは逃避する姿があります。つまり、法への関与は、あくまで間接的に済ませたい、第三者または外部環境に依存して、その上であわよくば問題の解決を図り、できれば手柄は横取りしたいとする姿です。

ここでいう第三者とは、組織内部の一つの部署にしかすぎない法制担当、自治体行政に直接責任を負うことのない顧問弁護士、さらには相変わらず崇拝している国や県の関係機関、そして日頃から情報のやり取りをしている近隣自治体といったものを挙げることができます。「顧問弁護士がそう言っている」「県がダメだと言っている」「隣の市では見送ったそうだ」といった内容の会話は星の数ほどなされていると言えるでしょう。また、当該法に関する見直しの動きや問題発生時における現場の状況なども影響関係にあるといえるでしょう。

根強く残る中央集権体質の残滓

自治体職員のこうした法への態度は、明治憲法時代から築かれてきた中央集権国家体制において必然的に形成された特有の体質と考えていいでしょう。同時にそれが自治体組織全体に浸透しきってしまっているため、分権時代五年目を迎えた現在もそう簡単に法を主体的に活用し、住民福祉の向上に寄与するという方向へ変革を引き起こそうとはしないのです。むしろ、分権時代になっても、これを他人事のような感覚でいるため、今までのやり方を踏襲することが自分にとっても周囲の人にとっても好ましいという考え方のままなのです。それゆえに、当然ながら、そこでは自治体にとって法への主体的関与が分権適合型自治体への変革過程の中で真に求められるべきことであるという思考は置き去りになっているのです。

二つの行政機関概念

ところで、行政組織法は行政組織内部の法的関係を論じるものと考えられてきたため、住民（行政法学上は私人）の法的地位に直接影響を及ぼす法的関係を発生させないことが前提として論じられてきました。それゆえに行政作用法や行政救済法と比べて研究の発展が遅れてきたと言われているのです。[27]この点は自治体組織に関する研究についても同様であると思われます。現在までのところ、行政組織法においては作用法的行政機関概念と事務配分的行政機関概念が議論されてきました。まず、この両概念について確認しておきたいと思います。

放置自転車の撤去は市長がする？作用法的行政機関概念

理論的な概念として知られる作用法的行政機関概念の特徴は、行政官庁が住民に対して権限を発動することだけに着目し、その権限主体を行政機関としていることにあります。例えば、放置自転車等防止条例に基づいて、自転車放置禁止区域に放置してある放置自転車の撤去命令を市長が住民に発動するという権限がクローズアップされ、実際に放置自転車の撤去作業をしている職員は補助機関とされることで脇役に追いやられてしまうのです。この結果、作用法的行政機関概念は組織内部における意思決定過程の実態を分析することに無関心になってしまいます。地方自治法では一三八条の二以下の規定で執行機関の概念があり、作用法的行政機関概念に基づいた組織を用意しているものと考えられています。しかし、実際には市の事務処理を市長一人で全部できるわけがないため、他の者に処理させるための法理論として委任、代理、専決、代決が論じられているわけです。その中でも特に専決は内部規程で定められ、自治体職員が行政組織法理論の基礎知識を有しているかどうかに関わりなく、実務上、最も用いられている手法と言えるでしょう。作用法的行政機関概念に基づいた行政官庁法理論が fiction とされる所以であるわけです[28]。

事務配分的行政機関概念では放置自転車の撤去をする交通安全課職員が登場する？

これに対して事務配分的行政機関概念は、国家行政組織法が採用しているとされています。確かに国家行政組織法を読めば、省、委員会、庁が行政機関であると明記され（三条）、大臣は各省の長であるとされ（五条）、官房、局、部、課などは内部部局とされています（七条）。条文からは事務配分的行政機関概念の方が、行政活動に従事している組織のあり方をより実態に則して認識していると感じることができます。そして、地方自治法は一五八条において条例によって内部組織の設置を明記しており、自治体の内部組織条例は事務配分的行政機関概念に親和的なのです。先の例に則していえば、放置自転車を実際に撤去している市の所管課は、「交通安全課」であり、その職員が主役として舞台中央に登場することになるのが事務配分的行政機関概念なのです。自治体組織として放置自転車に関する担当部署はどこかということがクローズアップされるからです。そして、この事務配分的行政機関概念は、本章において試みようとしている組織内の意思決定過程の描写に対しても親和的な理論であると思われるのです。

国家行政組織と自治体組織は異なる法理論

しかし、あくまで自治体組織は行政官庁法理論に基づいたものとされています。仮に事務配分的行政機関概念になぞらえるならば、首長は自治体の長である点は同じでも、行政機関は自治体そのものということになります。しかし、現実に地方自治法は自治体を法人とし（二条一項）、首長は執行機関として位置づけられるとともに（一三八条の二、一三九条）、その役割として地方公共団体を統括し、その代表者とされています（一四七条）。要するに、国家行政組織と自治体組織に関して、二つの法の間には法理論の整理がなされていないということです。[29] 国家行政組織法も地方自治法も同じく内閣法制局の審査を受けているはずなのですが、何故、こうした法理論の整理をしないままになっているのかは、不思議にも思いますし、それゆえに興味を持ってしまうのです。[30]

見えざる組織間の序列

自治体組織は行政官庁法理論に基づいた作用法的行政機関概念を背景としていることと関連して言えば、複雑な階層的組織であることに注意しなければなりません。階層的組織と言うくらいですから、組織内には序列が存在しているのは言うまでもありません。ここでいう序列というのは、職員の地位の上下、いわゆる肩書きを意味する序列だけではなく、組織間の序列も存在するということに気付かなければならないのです。自治体組織内の意思決定過程の実像を描くに際して、この視点を落としては何のための実像描写なのか意味薄弱になると考えられるのです。

もちろん、自治体関係者に対して組織間の序列の存在を問い合わせたとしてもこれを公式に認めるはずはありません。ここでいう序列は公に書かれざるものであり、言われざるものなのです。ただし、手がかりになるものはあります。自治体の事務分掌条例・規則、事務処理規程などを読めば、組織内の序列をある程度は窺い知ることができるでしょう。

ここで一旦立ち止まって、従来から理想的な行政組織として表現されている「簡素で効率的な組織」という問題について論及しておきたいと思います。古くて新しい問題であり、私としては一応の結論を示したいという思いを持っているからです。

二　簡素で効率的な自治体組織とは何か

的確な意思決定が素早くできる組織

いかなる組織が好ましいかと問われれば、ほぼ間違いなく返されてくるのが、「簡素で効率的な組織」というものです。ただし、これを実現した自治体を私は知りません。つまり象徴的概念とでも言えるもので、目指すべき組織像として用いられていると考えられるでしょう。

結論から言えば、私は、簡素で効率的な組織とは、地域の最適化を図るために必要な諸施策等について、的確な意思決定を素早く行うことができる組織だと考えています。決して組織の規模が小さいことだけを意味するのではないのです。このように考えるようになったのは、毎年のように行われる組織改編を観察してきた結果です。毎年度末に組織改編が発表されると、「また看板の書き換えだ」と揶揄する声が聞こえてきます。組織の名称だけを変更する肩書きだけの組織改編は最悪です。

職員の顔が見える組織

さて、簡素・効率的な組織について、地域住民の立場から定義すれば、それは「職員の顔が見える組織」ということになると思います。これは何も本庁以外に支所や出張所その他の公共施設を多数建設して、そこに職員を配置することを必ずしも意味するものではありません。むしろ、拠点は少なくても職員がその住民にとって必要な事項が完了するまで対応するということを意味すると考えるべきです。こうした組織像は民間企業の取組み事例からも学ぶことができます。例えば、自動車保険会社のアメリカンホーム保険は、通信販売が中心で、顧客と対面する機会が少なかったため、安心感を与えにくいというマイナス面をアンケートはがきによる顧客満足度調査によって調査しています。また、一つの事故は一人の担当者が最後まで担当する「一事故一担当制」を導入し、責任の所在を明確にしているのです。(31)

単純ではない簡素・効率化

組織規模の縮小さえすればよいわけではなく、的確な意思決定を素早く行い、しかも住民にとって顔の見える組織にするためには、結局のところ、個々の職員が一人何役もこなさなければならないということになります。そうなると現状の組織をいかなるものに変革させるべきなのでしょうか。先に述べた組織間の序列という問題を念頭に置きつつ、別の観点から検証しておくことにします。

三　機能重視の組織論

「序列の概念」による組織の分類

自治体組織のあり方について参考になるのが、慶應義塾大学の高橋俊介教授が主張される「序列の概念」による組織の分類です。自治体組織内部において、組織階層の上位の者が下位の者に出す指示や命令は、法令、条例、計画、予算、そして地域の実情などにもとづいて検証、分析し、それを説明し、納得させてから部下にさせるべきものですが、現実問題としてそんなことをやっていられないし、実際、そんなことをする管理職を見たことがありません。それゆえ高橋教授によれば、階層上位の者の出す指示には、理由のいかんを問わず従わなければならないという上下関係を一つの価値観として定着させたとされるのです。つまり、本来、組織階層は全体最適の秩序を維持する機能として構築されたにもかかわらず、それを個人の価値観に転換したことで、容易に組織の秩序維持が実現されるようになり、序列概念が出来上がったとされるのです。(32)

高橋教授は、こうした序列の概念による組織の分類を提示されており、今後の自治体組織を考える際にもべ

ースになると思われます。それは次のような分類です。(33)

Ⅰ　序列重視＋序列固定的＝年功序列組織
Ⅱ　序列重視＋序列流動的＝相撲型組織
Ⅲ　機能重視＋機能固定的＝野球組織型
Ⅳ　機能重視＋機能流動的＝サッカー型組織

Ⅰ型＝現在の自治体組織

高橋教授の四分類は基本的には民間企業の組織を想定したものですが、自治体組織に援用することは容易でしょう。特にⅠ型が現在の自治体組織の形態であることは誰もが肯定するところでしょう。

Ⅱ型を採用すれば組織内で足の引っ張りあい？

これはまさに大相撲で採用されている序列上昇システムです。年功に関係なく、成績次第で序列上位に昇れるものの、成績が下がれば序列が下がるというシステムです。実力主義といえばそのとおりです。しかし、今、自治体でⅡ型組織が導入されることはあり得ないと思います。仮にⅡ型組織を自治体で採用すれば、先輩が後輩を指導するということはなくなり、組織内部で職員どうしの足の引っ張り合いという現象が発生するのではないでしょうか。現在の自治体の組織風土から考えると、非常に弊害の大きい組織類型だと思います。

Ⅲ型＝自治体組織条例で採用

Ⅲ型は、タテマエ上、自治体の事務分掌条例や規則で採用されている組織形態です。見かけ上は各局部課などの具体的な役割が具体的かつ明確に定められており、それぞれの組織の機能を重視している体裁です。例えば、尼崎市事務分掌条例は、地方自治法第一五八条に基づく内部組織として第一条で「市長の権限に属する事務を分掌させるため、次の局及び室を設ける」とし、「企画財政局」、「総務局」といった順に組織を規定するとともに、企画財政局であれば、(1)議会に関する事項、(2)市政の総合企画及び総合調整に関する事項、(3)統計に関する事項、(4)予算その他財政に関する事項という分掌事務が定められています。また、第二条では局及び室の内部の事務分掌等は市長が定める旨規定し、これに基づいて尼崎市事務分掌規則があり、第二条で局等に部、室、課を設けるとして、企画財政局には総務課、行政経営推進室などが設置され、第七条では局等、室、部及び課の分掌する事務が定められています。これらを読めば、事務配分的行政機関概念に基づいた規定であることは確認できますし、外観上、機能重視の組織として出来上がっていることになります。

Ⅲ型条例の現実

しかし、条例の規定と現実の間には悲しいほどの距離があります。例えば福祉事務所の職員たちの話を聞いていると、出先職場の下位階層ぶりが痛いほど伝わってきます。彼らから頻繁に聞かされた話で印象深いのは、毎年四月になると事前に何の説明も無く、新たな仕事を押し付けてこられ、それに伴う人員配置などは全くなされないということです。意思決定過程に一切関与させてもらえないため、彼らは極度の「やらされ感」を持っているのです。これが序列意識に支配された組織としての典型的な病理現象でしょう。

Ⅳ型組織は見果てぬ夢？

Ⅳ型は、単純に言えば職務上の役割は一応決まっているものの、状況に応じて臨機応変に流動的に変化させるものだとされています。簡素で効率的な組織とは、このサッカー型組織が該当することは言うまでもありません。住民にとっては顔の見える組織にもなり得るし、的確で素早い意思決定も可能になります。階層型組織ではない、自立型組織となり、いわば理想の組織といえるでしょう。現在の序列重視の階層的組織を前提としている以上、いくら簡素で効率的な組織を検討しても、組織改革には至らないのです。しかし、現状、このサッカー型組織の構築を自治体で実行することは極めて難しいとしか言いようがありません。

「序列重視＋序列固定型組織」内の意思決定過程

本章の主旨は、自治体組織について論じることではありません。法的課題に対する自治体組織内部の意思決定過程について、交渉行動に着目してその実像を描写しようとするものです。それゆえ、舞台となっている自治体組織に関しては、これまでの議論から現在のところ「序列重視+序列固定型組織」であることを前提として話を進めるしかありません。

四　地方自治法の解釈に関する組織内意思決定過程の実像

自治体に浸透していない地方自治法

それでは、執行法務の中でも典型的と思われる地方自治法の解釈について疑義が発生した場合に、「序列重視＋序列固定型組織」である自治体組織の意思決定過程において、いかなる交渉の実像が描き出されるかについて試みることにします。

その前に指摘しなければならないことは、地方自治の基本を定めた地方自治法が、いかに自治体職員の間に浸透していないかということです。昇任試験を受験する職員が少しかじることはあっても、日常的に地方自治法を意識して仕事をしている職員は極めて少ないと言えるでしょう。地方分権一括法で大改正された地方自治法について、その基本的な内容を一部でも諳んじて説明できる自治体職員が、周囲には存在しないことでもこうした見かたは正論であると理解していただけると思います。(34)

私がよく引き合いに出す例なのですが、自治体職員にとって最も親しい地方自治法上の概念（用語）は、支出負担行為（二三二条の三）と支出命令（二三二条の四）の二つだと思います。この二つの概念について、正確にその法的意味を説明できる自治体職員がどれくらいの比率で存在していると思いますか？　言葉は知っているし、そつなく実務もこなしていますが、この二つの概念の法的意味を知らないまま、自治体職場を去っていく職員は非常に多いと思います。

不正事件との奇縁

さて、十数年間の市役所生活で、何の縁か分かりませんが、私は、違法な不祥事あるいは不正事件というものをしばしば目の当たりにしてきました。公務員倫理、自治体倫理という問題にとりわけ関心を強く持っているのは、こうした経験による影響を強く受けているためであると確信しています。

もっとも、この三年間ほどは、そうしたおかしな事態との縁は切れているようで、少しホッとしています。

職員の不祥事から派生した地方自治法に関する課題

私の記憶に残っている数多くの不正事件の中で、印象深いものの一つに、一九九七年（平成九年）の春に阪神淡路大震災の復旧工事に関して発覚した偽計入札妨害事件があります。不祥事によって地方自治法上の課題が発生したという点で印象的な事件でした。

この事件は、電気設備工事の設計金額を事業者に漏洩したとして、偽計入札妨害罪（刑法九六条の三）の容疑で市建築部の技師職員が逮捕、起訴され、罰金刑を受けています。事件の対象となった工事は、市立中学校の災害復旧工事に関するものであったため、県警の家宅捜索は工事を所管していた教育委員会事務局の施設課まで及びました。家宅捜索の中で、何人かの職員の私物が押収され、後日には職員が事情聴取に呼び出されることにもなりました。浮き足立つ職員もいる中で、直属の上司である施設課長は動揺のそぶりも見せず、平然と捜査官の家宅捜索を見守っていたのが印象的でした。

入札妨害事件を起こした業者との間で締結されていた電気設備工事契約は平成九年度になってから解除しました。一応、有罪判決が確定するまで解除を待っていたと記憶しています。問題は、契約解除に伴う予算の扱いをどうするのかということでした。

阪神淡路大震災に伴う災害復旧予算の執行方法

阪神淡路大震災が発生したのは一九九五年（平成七年）一月一七日であり、その後平成七年度予算として国庫負担金などを含めた災害復旧予算が編成され、執行されることになりました。国家予算は平成七年度の単年度予算として編成されたのです。あれだけの大規模災害を単年度予算で措置したため、年度内の完全執行が不可能であることは明白でした。比較的災害規模の小さい尼崎市でさえ無理だったのですから、最も大きな被害を受けていた神戸市などは言うに及ばずだったということです。その結果、平成七年度災害復旧予算は平成八年度の繰越明許費（地方自治法二一三条）となり、さらに完了していない部分については平成九年度へと事故繰越（同二二〇条三項）を行うことで、どうにか完了させることができたわけです。

この電気設備工事も工期の都合上、平成九年度に事故繰越をした予算の対象だったわけです。しかも、業者との契約解除は平成九年度に入ってからのことで、その結果、平成九年度執行予定の事故繰越予算が宙ぶらりんの状態になっていました。当然ながら、その間、工事施工は中断していました。

事故繰越予算は支出負担行為できない？

支出負担行為をした予算の執行が平成八年度中に完了できなかったから平成九年度に事故繰越をしたのに、入札妨害事件の関係で、その業者との契約を解除していました。そのため、未執行の事故繰越予算を再度、支出負担行為できるのかという問題が発生したのです。担当職場や財政担当の職員は、この判断を自分たちで考え出すことに躊躇したのです。仮に事故繰越をした予算を執行しないまま年度が終了すれば、その予算は未執行になります。災害復旧予算であるため財源には国庫負担金や起債があり、事故繰越予算で執行せず、平成九年度当初予算から流用措置を行い、あるいは補正予算を編成するとなれば、災害復旧に関する国庫負担金等が平成七年度当初予算で編成されている関係上、国庫から交付されない可能性が高かったのです。そうなると全額を一般財源から充てなければならなくなります。日頃は原課で発生した不祥事などには無関心の財政担当職員も慌てたようでした。

〈図表4〉入札妨害事件に係る阪神淡路大震災復旧予算の執行プロセス

予算	工事	状況
平成七年度当初予算	工事請負契約締結	工事施工開始
平成八年度　繰越明許費	不祥事	施工中止
平成九年度　事故繰越	契約解除	執行不可能？

補助金適正化法と会計検査院

私はこの工事に関連する事務を直接担当していたわけではなかったのですが、地方自治法の解釈について財政担当、施設課の予算担当、経理課などの職員などから非公式に、再三再四に渡って、「どうすればいいか?」と意見を求められてきました。財政担当職員にすれば、事業を所管する原課が執行可能であるという法的見解を出してくれれば、それに沿った対応で済まそうと考えていたようでした。仮にその見解が後に誤りだとされ、補助金適正化法違反として国庫負担金の返還などを求められることがあっても、それは早くても一、二年先のことで、しかもそれは原課対応の問題であり、財政担当職員にすれば、目先の仕事を優先すべきだという意識が強かったのは、震災復旧を最優先に取り組んでいた関係上、やむを得ない姿勢だったと思います。

一方、原課としての判断を出すに当たり最も神経質になったのは、会計検査院によって補助金適正化法に基づいて国庫負担金の返還命令が出される可能性でした。これは何もこの問題に限られたことではなく、災害復旧事業の設計段階から、補助対象になるのかどうかは技術職員らとともに頻繁に確認を行いました。担当者の意識にもよるでしょうが、国庫補助金などの対象になる施策については、自治体職員にとって会計検査院の存在は決して小さいものではありません。それゆえ、会計検査院が国の省庁に対しては弱腰であるのは、意外な印象を持つのです。(35)

会計年度独立の原則の例外に対する理解度

では、私はどうであったかと言えば、地方自治法をある程度勉強していたものの、それまでは実のところ財務に関する本格的な実務経験が全くなく、国庫補助事業や起債、繰越明許費や事故繰越などの実務は阪神淡路大震災に伴うものが初めてだったのです。そのため、地方自治法に定められている会計年度独立の原則（二〇八条）の例外規定に関する実務経験に裏打ちされた理解というものは甚だ浅いものだったわけです。

地方自治法に翻弄される自治体職員

しかし、他の職員たちの対応ぶりは、まさに右往左往だったと思います。事故繰越に関する地方自治法二二〇条三項の解釈、あるいは事例分析などに関する詳しい文献が見当たらないこともあり、全くのお手上げ状態といった様子でした。朝から晩まで「ああでもない」、「こうでもない」となかなか進捗しない様子でした。

日頃は地方自治法などを意識することもない自治体職員が、突然、法を意識しなければならなくなった時の様子は滑稽に映ります。普通なら予算の執行は抑制することに腐心する財政担当職員が、この事件ではむしろ予算執行をできる方法について頭を悩ませていたことも印象的でした。「法」によって行動が規制されていたと言えるかもしれません。それにしても、地方自治法上の問題であり、しかも自分たちにとって重要な課題だと認識しているにもかかわらず、関係条文をほとんど読もうとせずに、問題の解決を図ろうとする姿勢から自治体職員の地方自治法、あるいは「法」に対する意識の希薄さは相当根深いものであると理解することができます。条文を読んでも答えは出てこないという先入観に支配されていたのでしょうか。今となっては、これも謎のままです。

法制意見により決着

かなり日数が経過してから聞いた話では、財政担当職員が照会していた地方自治法二二〇条三項ただし書の解釈について、市として一定の結論を得たようでした。すなわち、原課と財政担当にとっては「第三者組織」という構図になっている法規担当から事故繰越予算の支出負担行為を肯定する意見が出されたのです。原課、財政担当職員、双方にとって「満額回答」ということになったのでした。

無意識にしている内部交渉

財政担当職員と私との間でなされた地方自治法の解釈に関するやり取りは、主観的には「交渉」を行っているなどとは全く思っていません。しかし、客観的に見れば予算執行の法的可能性を目的とする地方自治法の解釈について、実質的に内部組織間で対立する原課と財政課による交渉になっていたのです。この交渉過程とその結果が法的意味を有し、法務の要素を含んでいることを肯定することは可能であると思います。

法的課題による序列の緩和現象

原課と財政課には明白な組織間の序列が存在します。もちろん、財政課が上位階層です。それゆえ、本来ならば財政課の意向が原課の行動を規制するはずが、地方自治法の解釈という法的課題の発生によってそうした現象の発生がかなり緩和されていたと言えるでしょう。ゆえに、交渉においても概ね対等な関係として行うことができたわけです。

立場駆引き型交渉の実像

しかし、交渉過程においては、原課と財政課担当者との間には既に述べたような背景から、法的課題を自分の組織内の立場に置き換えて解決しようとする行動であったことは理解できるでしょう。原課である施設課にすれば事故繰越後、契約解除になったのは入札妨害事件という原課には全く責任がない犯罪事件を理由とするものであり、むしろ被害者的意識が強かったのです。それによって事故繰越予算が執行できなくなったとしても、やむを得ないことであり、当然に年度途中で予算の流用措置又は補正予算を編成して、未着工部分の工事を再開するべきであると考えていたわけです。また、これに伴い、国庫負担金等を返還することになっても、それは当然のことだという意識であったのです。むしろ、無理な法解釈をして予算執行を行い、後に会計検査院から違法な予算執行であるとして国庫負担金の返還命令を受ければ、原課の責任が問われることになり、それは避けたいという意識だったと言えるでしょう。一方の財政課担当者は、財源確保を最も重視していたため、国庫負担金が財源として付く予算執行を最優先に考え、その後のことなどは余り考えていなかったと思います。

口頭による法制意見の限界

この問題について、法制意見がいかなる法理論に基づいて、いかなる法解釈論を展開したのかについて、私が知ることはできませんでした。法制意見が書面によって回答されたのではなく、口頭による回答だったという事情がかなり影響していると思います。仮に、今、同じ問題について照会したとしてもこれと同じ回答がなされるかどうかは分かりません。

他の自治体の現状がどうなのか詳しいことは知りませんが、法制意見が書面によってなされることは極めて少ないという認識でいます。それが法解釈、運用への関心が組織内部に浸透することを阻み、現場レベルにおいて政策法務、特に執行法務への主体的な取組みがなされていない原因でもあると考えています。組織内部で未知の法的課題が発生した場合、それに関する法解釈について法制意見が出された場合には、例えば庁内LANなどによって周知を図ることで職員全体の政策法務に対する関心を高め、法解釈に関する知識の共有化を図るということは話題にさえなりません。自治体として政策法務に取り組むことで、職員の法務能力の向上を図ろうとするならば、まずはこのような実践を積み重ねることの方が早道ではないでしょうか。組織内部における法務情報の公開と共有という論点は置き去りにされたままになっているのです。

地方自治法を読むと……

さて、この問題について私なりの意見を述べておくことにしましょう。地方自治法二二〇条三項ただし書を読む場合に注意すべきことは、地方自治法施行令一五〇条三項、一四六条、地方自治法施行規則一五条の五とこれに基づく事故繰越計算書様式も含めて読むことです。これらを全て読まないことには事故繰越についていかなる予算執行が予定されているのか明確に判断することはできないと考えられるからです。

まず二二〇条三項ただし書では、条文の最後を「これを翌年度に繰り越して使用することができる」と締めくくっています。この「使用」という文言の解釈としては、事故繰越予算の執行について特別な規制を予定しているという趣旨ではなく、当然に支出負担行為から開始することも予定していると読めるのではないでしょうか。そしてそのことは、地方自治法施行令一五〇条三項によって準用されている同令一四六条三項で、繰越計算書の様式を総務省令で定めるものを基準とする旨規定し、地方自治法施行規則一五条の五では事故繰越計算書の様式は別記のとおりと定め、その別記事故繰越計算書様式を見れば、「支出負担行為額」の内訳として「支出済額」と「支出未済額」があり、さらに「支出負担行為予定額」を記載することまで要求されていることから裏付けられると思われるのです。

条文から道は開ける

この事例のように、支出負担行為をした予算を事故繰越したにもかかわらず、契約解除を行ったうえで他の業者との契約を締結することに伴い、再度、支出負担行為を行うのは事務処理としてはイレギュラーなものです。しかし、犯罪事件に伴う事業者との契約解除だけではなく、例えば経営不振による倒産などによる契約解除なども、特に今のような経済情勢なら十分想定できると考えられます。それゆえに、大袈裟な理屈をこねるのではなく、条文をしっかり読めば、その合理的な解釈で答えを引き出せる問題であったと考えられるのではないでしょうか。

五　民法に関する組織内意思決定過程の実像

自治体における民法の重要性

自治体職員が基礎的な法知識として会得すべき分野として、地方自治法と並んで重要なものが民法だと思います。むしろ、地方自治法を理解しようとすれば、必然的に民法の基礎知識や理解が必要であると言うほうが正確だと思います。市役所で仕事をし始めた頃、民法との関わりが多いことに驚いたのを覚えています。
例えば、介護保険の窓口に相談にやって来られた住民への応対をしていれば、その会話の中で相続、成年後見、代理、連帯保証、債権者代位などの民法用語を使うことがしばしばあります。相談内容には介護サービス契約に関するものもあるので、その問題点について説明を行うために民法の基礎知識を要するのです。細かな知識までは要しないかもしれませんが、基本的なことは理解していなければ、親切な窓口応対とは言えないでしょう。介護保険と民法は、成年後見制度や契約を中心に深く関係しているのです。

契約業務と民法

また、多くの自治体職場では各種業務委託契約を締結し、事業を実施していると思います。契約書の内容は、ほぼ定型的なものですが、例えば、危険負担（民法五三四条以下）といった用語が条項の中に規定されていることがあります。果たしてどれくらいの職員が理解しているでしょうか。契約という言葉の法的意味を知らないまま、何年も契約事務に従事している人も多いと思います。
こうしてみると民法が組織内部で問題となることはほとんどないようにも思うのですが、これまた何かの縁なのか、私はこれまで何度か民法に関する事例に遭遇しているのです。その中の一例を紹介しましょう。

空中に地役権！

これも既に数年前の事例になります。学校プールの改築工事を実施するに当たり、担当者であった私は、他の職員たちと現場の視察をしました。現場に赴いていろいろ調査していると、ふと気付いたことに、プールを挟んで東西に電柱があり、上空には電線が張り巡らされていました。学校のプール上空に電線が走っていることについては、不可解に思われるかもしれませんが、その学校の敷地が狭いこともあって、道路を挟んだ飛び地にプールがあるという学校だったのです。プールの改築に当たって、何か法的な制約があるのではないかと推測し、詳しく調べるとこのプールの上空に電力会社のために地役権が設定されていたのでした。

地役権とは用益物権の一種で、「設定行為ヲ以テ定メタル目的ニ従ヒ他人ノ土地ヲ自己ノ土地ノ便益ニ供スル権利」です（民法二八〇条）。市有地は承役地、電力会社が立てている電柱の底地が要役地となっていたのです。なぜ学校プールの上空にわざわざ電線を張り巡らせたのか経過を調べたところ、どうやら市の都合でそうなったようであり、電力会社に非があったとは認められなかったのでした。電力会社が電線を通すために地役権を設定することは珍しいことではないのですが、大学で民法を履修していてもマイナーな項目である地役権について、民法を学んだことのない職員が多い中、そんな知識を有していないのは当たり前だったと言えるでしょう[36]。

プールの改築を実施するためには、空中の地役権の範囲をより広く、高く設定する必要があり、電力会社と話し合いをした結果、地役権設定行為を改めることに合意し、地益権設定登記の変更を行うことになりました。地役権設定登記の変更は、原因者負担であることを理由に、市で対応することになり、市有財産を管理している管財課へ相談したところ、登記申請事務は管財課で行ってもらえるものの、それに必要な費用である登録免許税を原課で用意してもらいたいということになりました。

三、〇〇〇円をめぐる攻防？

登録免許税法を読むと、地役権設定登記に要する登録免許税は承役地の個数が課税標準であり、一筆につき一、五〇〇円となっています（法別表第一　一（四））。上空に走っている電線の承役地は、過去の経緯から二筆となっていたため、登録免許税の金額は三、〇〇〇円であったと記憶しています。

三、〇〇〇円の予算執行でしたので、それほど大した仕事ではないだろうと思っていました。しかし、当初予算には登録免許税は全く計上されていなかったため、予算の流用措置を行う必要がありました。わずか三、〇〇〇円であっても予算の流用措置をしなければならないところが、お役所の掟です。私は早急に予算の流用決裁を起案し、財政課に合議することになりました。この決裁過程において、最も面倒だったのは予算の流用そのものではなく、これまでの事実関係や地役権という権利の内容などについての説明でした。

案の定、決裁過程において、財政課の担当係長、課長補佐、課長へと回付していく中、見事なまでに同じ質問を繰り返されてしまいました。尋ねられたのは、①地役権とは何か、②登録免許税とは何か、③なぜ市が負担するのか、④三、〇〇〇円の算出根拠は何か、といったことでした。財政課が翌年度予算編成で多忙だった時期と重なり、たった三、〇〇〇円の流用のために三日間も要してしまったのです。最終的には決裁は完了したのですが、地役権についてその法的意味を説明してもチンプンカンプンといった様子で、特に空中に権利を設定することに対しては、なかなか理解してもらえませんでした。土地の所有権が土地の上下にも及ぶ（民法二〇七条）ことを知らないために生じる現象だともいえるのでしょうか。

内部交渉の代表例である予算配分交渉は、民間企業でも自治体でも当たり前に行っていることですが、三、〇〇〇円の流用措置をする根拠法をめぐっての珍しい内部交渉事例として、今もなお、鮮明な記憶として残っています。

（27）　大橋洋一『行政法』（有斐閣、二〇〇一年）一九九頁～二〇〇頁。

(28)　塩野宏『行政法Ⅲ〔第二版〕』（有斐閣、二〇〇一年）二一頁〜二二頁。
(29)　注（28）書、二七頁。
(30)　西川伸一『立法の中枢知られざる官庁・新内閣法制局』（五月書房、二〇〇二年）第四章において、内閣法制局による立法審査の実態について具体的に詳述されており、実に興味深い。
(31)　『朝日新聞』二〇〇四年二月七日付朝刊 be on Saturday b四面「人材人財」。
(32)　高橋俊介『組織改革』（東洋経済新報社、二〇〇一年）六二頁以下。
(33)　注（32）書、七七頁以下。
(34)　木佐茂男「地方自治基本法」松下圭一・西尾勝・新藤宗幸編『自治体の構想一課題』（岩波書店、二〇〇二年）八五頁〜八六頁参照。
(35)　注（6）書、二一一頁以下など参照。
(36)　内田貴『民法Ⅱ債権各論』（東京大学出版会、一九九七年）一六八頁参照。

第三章　交渉する自治体職員【II】――住民・自治体間関係と交渉――

一　住民・自治体間関係の三つのフェーズ

協働概念の多面性

住民と自治体の関係を表す最新の流行語は、何と言っても「協働」になります。私が数年前に「協働」という言葉を初めて聞かされた時は、「あぁ、財政が苦しくなってきたため、これまでのように行政が何もかもできなくなったので、住民にも応分の負担をしてもらう必要があり、それを正当化するためにわざわざ協働という言葉を使い始めたのだろう」と直感的に思いました。同じように思っている自治体関係者や住民は少なくないと思います。言葉は生き物であり、感情が入っているのです。言葉を聞いた住民はそれを肌で感じて反応します。本気で協働関係を築こうとしているのかどうか、すぐに見破られると思います。そこで、まずは協働概念の本当の意味を確認しておくことにします。

元祖・協働概念

公人の友社から出版されている地方自治土曜講座ブックレット・シリーズで、二〇〇三年五月に刊行された北海学園大学の森啓教授による『「協働」の思想と体制』という本があります。協働概念について非常に興味深いことが書かれてあるのですが、その一一頁からの「二「協働」にこめられた意味」は特に目を引きます。

すなわち、協働という言葉は元々は国語辞典に載っていないものだった、つまり日本語としては存在しなかったということが確認できます。そして、協働概念が用いられたのは、森教授が一九八一年刊行の松下圭一・森啓編著『文化行政―行政の自己革新』（学陽書房）の第三章において「文化行政とは市民と行政との協働の営為である」と書かれたのが始まりだということです。協働の概念を英語のコラボレーションの訳語だと考えている方が少なくないように思いますが、協働概念の生成経緯からすれば、それは明らかに誤りであるということになります。協働という言葉は、そもそもは造語だったのです。こうした言葉の発生経緯や本当の意味を理解したうえで協働という言葉を使っている自治体関係者が果たしてどれだけ存在するのでしょうか。無から有を創り出すことの苦手な日本人、特に役人特有の狭隘で貧相な発想からはこうした新しい概念は生まれてこなかったでしょうし、新しい言葉を見つければ外国語の翻訳だと決め付けるのもまた、役人独特の思考とも言えるでしょう。

協働の要素としての「透明性の向上」

森教授が唱えられた協働概念の最も重要な意味は「主体の自己革新」というものです。つまり、自治体に自己革新が生じていないのに協働を求めてもそれは成り立たないということになります。ここでいう自己革新とは、自治体活動の透明性の向上という表現に集約することができるでしょう。そして、透明性とは公正なルールに基づいたものだということも強調しておきたいと思います。

まちづくりのプロセスとしての協働

一方、自治体が実際に用いられている協働概念は、まちづくりのプロセスの有り様を表現する概念として用いられていると思います。最近は、協働概念は自治基本条例において明記され、法的概念とされる事例が目立ってきました。全国で初めて「自治基本条例」という名の条例を制定した、東京都杉並区の自治基本条例では、参画とは「政策の立案から実施及び評価に至るまでの過程に主体的に参加し、意思決定に関わることをいう」（第二条第三号）と規定し、協働とは「地域社会の課題の解決を図るため、それぞれの自覚と責任の下に、その立場や特性を尊重し、協力して取り組むことをいう」（第二条第四号）と規定しています。杉並区自治基本条例では、参画概念を先に規定し、協働をその後に規定しています。論理的には参画があっての協働という発想に基づいているようですが、本書では一括して協働という概念を用いることにしておきます。

協働・紛争・争訟の三つのフェーズと交渉

自治体職員による対外的な交渉で比重が高いのはやはり住民との交渉です。交渉学の基本原理に即して言えば、相手が住民である場合こそ、立場駆引き型交渉ではなく、原則立脚型交渉をしなければなりません。しかし、住民との交渉では、このような交渉類型を踏まえつつも、やや異なった視点から考察を行うべきだと考えています。

協働から紛争

初めに注意しなければならないことは、自治体と住民との関係は常に平穏な協働関係であるとは限らないということです。「そんなことは言われなくても分かっている」という声が聞こえてきそうですが、ここでは重要視しています。すなわち、住民が自分たちの生活に直結する内容の改革となれば、地域の利害を巡っての深い対立の溝が生まれることになることを明確に認識すべきだということです。建設的な議論がその中でどれだけ可能なのか、どれだけの職員が誠意を持って正確な応答能力を有しているのでしょうか。深刻な財政難を契機に経営主義化への転換を進めようとするため、自治体としてはいわば不採算事業の廃止縮小を中心とした改革路線にひた走っています。ところが住民は、その不採算事業ほど利害を有しているため、猛烈な勢いで反対の大合唱をすることになるのです。顧客主義の真の意味が浸透し、理解されていなければ、結局は従来型の「声の大きい住民に与する行政」から脱却できないことになってしまいます。

紛争が争訟に

また、日々、介護保険というものを挟んで住民との対話をしていると、いろいろ考える素材が転がり込んでくるのです。住民には様々な経緯から、残念ながら自治体行政に根強い不信感を持っている人も少なからず存在します。そのような住民は、過去の経緯が背景にあるがゆえに、些細なことでも自治体との間で紛争へと変容してしまい、争訟にまで進展することも少なからず存在します。

二　協働過程の実像と具体的手法

協働過程への幻想は捨て去るべき

「協働によるまちづくり」というフレーズは、いかにも新しい自治の姿として美しく描きたいという意図が伝わってきます。しかし、協働の理念を本当に実現しようとするならば、自治体職員にとっては紛争や争訟とは異なった、独特の苦痛を伴うものになることが少なくないと考えられます。情報が公開され、住民にも一定の重要情報が行き渡りますので、面と向かって言われたくないことをズケズケと言われ、説明すると反論に遭い、説得にもなかなか応じようとせず異論をぶつけられる。つまり、現実の協働過程はそんなに美しいものではないことを覚悟しなければなりません。何と言っても住民は生活がかかっています。生活者である住民とあくまで公権力を背景にした自治体職員が協働の関係を築き上げるには、住民は「弱者切捨ての口実に利用されるのではないか」、自治体職員は「ヘタなことを言って事業継続を約束したと受止められるのではないか」というような相互の疑心暗鬼を取り除く必要があります。現状、そもそも自治体職員の中でそれだけの見識を持ち、現実的に粘り強く交渉ができる人たちがどれほど存在するのかという疑問も持っています。地域の最適化という公益は後回しにして自分の立場を守るために、肝心な情報を開示せず、説明責任からも逃避する者が出ないとは限らないわけです。

一部の自治体首長にはそのパフォーマンスぶりが注目されているため、まるでその自治体では全てがうまくいっているかのような幻想を抱く住民もいるかもしれません。しかし、そんなウマイ話はないのです。本当に困っている問題、マジで都合の悪い情報をストレートに伝えることができるかどうかが、成功の鍵ではないでしょうか。とりわけ、情報公開については、私自身もまだまだ情報非公開思考から脱却しきれていないと思っています。

自治基本条例制定と協働

もっとも、自治基本条例の制定などのように、自治体としての新しい仕組みをルール化するに際して、住民が公募で審議会の委員などに就任し、自治体側と協力しあって創り上げていく場合には、それなりに感動的なシーンを期待できるかもしれません。なぜなら、冷めた言い方になりますが、自治基本条例は当面の生活に直接影響が無いからです。参加した住民にすれば、自治体職員でさえ定年退職までにそう何度も無い新規条例を作るという仕事に、ボランティアで参加し、条例を制定したという達成感を味わえるわけです。しかも、そういう機会の無い圧倒的多数の住民に対してある種の優越感に浸れる、と言ってしまうとお叱りを受けるかもしれません。

尼崎市における協働事業

さて、協働の具体的手法について、尼崎市が実施しているものを素材にして触れておこうと思います。協働の手法としては、尼崎市でも、例えば審議会などに市民委員を公募したり、市長への手紙という事業を実施したりしてきました。ここでは最近の取組み事例を紹介することにします。

車座集会

協働において第一に重要視されているのは、できる限り多くの、様々な社会成層に属する住民と直接対面して意見交換し、コミュニケーションを図ることです。尼崎市では車座集会、市長室オープントーク、市役所出前講座など、住民との対話を行う機会をできるだけ多く用意するよう努めています。

例えば、車座集会については平成一五年五月から平成一六年二月までの一〇ヶ月間に、中学校区ごとで二二回開催し、延べ六八六人が参加しています。平成一六年度は実施方法を見直し、テーマ別に八回、世代別で二回実施することになっています。一つのテーマについて掘り下げた議論をすることや、世代ごとの住民と意見交換をするということを目的にしています。(37)

市長室オープントーク・市役所出前講座

また、市長室オープントークは平成一五年度には五月以後四回開催し、一二グループとの意見交換を行っています。いずれも、市長が出席し、地域住民との意見交換を行っているところです。このほか、五人以上のグループからの申し込みにより、希望するテーマについて所管の担当職員を派遣し、説明や意見交換を行う市役所出前講座も相当数実施しています。幸いにして、こうした取組みは住民からも好評で、市長や担当職員と直接意見交換ができるということで、市政への関心を高めていただける方法として定着しつつあります。このほか、まちづくり提案箱や市政の課題についてインターネットを使ってアンケートに答えるネット・モニター制度なども開始しています。

交渉の場としての意味

車座集会などの取組みは協働の仕組みを定着させ、住民自治を浸透させるための尼崎市独自の事業として理解されています。しかし、その実態は地域における多様な行政需要と供給のあり方に関する住民との合意交渉であり、例えば車座集会などに出席された住民と市長や職員との間で意見の衝突が発生することは不思議なことでも何でもないわけです。むしろ、対立し、異なる意見をいかにして相互に浸透させ、弁証法的に綜合化し、地域における新しい価値の創出に結び付けていくかということが重要であると思います。交渉を勝負事、駆引きと考える悪癖のある私たち日本人は、この点をしつこいくらいに確認しなければならないと思います。いくら協働の仕組みを構築しようとしても、その実態が立場駆引き型交渉で覆われていれば、本来あるべき姿としての協働の仕組みは構築できないでしょうし、結局、役所は自分たちのことしか考えていないとして信頼が崩壊することになると思います。

パブリックコメント

協働の具体的手法として、パブリックコメントを活用することは、かなりメジャーなやり方になりつつあると思います。具体的な制度の設計については試行錯誤しているようですが、交渉は、必ずしも直接に対面して行うことに限定する必要はないはずです。というよりも、そもそも自治体職員が全ての人と対面して交渉することなど不可能なのですから、これに代わる有効な手法を活用することは、当然に求められることだと言えるでしょう。

パブリックコメントについては、既にかなりの論稿があると思いますが、交渉という視点から、本書においても触れておこうと思います。

パブリックコメントの意義

まず、パブリックコメントの定義を確認しておきましょう。田中孝男氏は、パブリックコメントとは、「行政が政策や施策を決定する前に、その原案などを広く一般に公表し、そこで得た各種の意見を踏まえて案を確定すること」と定義されています。では、パブリックコメント制度を要綱で実施することについてはいかなる評価をすべきでしょうか。この点について、田中氏は、「要綱による制度では、パブリックコメントの実施は法的義務ではないこと、住民の意見提出はあくまでも行政が恩恵的に行っていることなどを理由に、試行的な段階であればともかく、制度を恒久的に要綱で定めることについては適切とは言い難いし、住民自治の確立、住民自治の実質化という観点に立てばパブリックコメントに関する手続的な権利を保障することが望まれ、条例という法形式が必要である」と主張されています。[38]

尼崎市パブリックコメント制度実施要綱

尼崎市は平成一五年七月一日から「パブリックコメント制度実施要綱」を施行し、本格的にパブリックコメントを実施しています。内容としては、行政計画等の立案過程において、趣旨、目的、背景等を公表し、これについて市民から広く意見を求め、行政の透明性の向上、情報の共有化を推進し、行政への市民参加の促進等を図ることとしています。具体的な手法は、市報、公式ホームページなどで内容を公表し、市民等の意見募集を行うことになっています。

パブリックコメント制度の主旨

尼崎市のパブリックコメント制度導入の趣旨からすれば、見かけ上は恒久的制度のように思われますし、要綱という形式を採用したことから、試行的な段階という理解も可能だと思います。しかし、尼崎市は地方分権改革と政策法務、特に自治立法のあり方との関係について、基本スタンスを明確に示していません。例えば、分権時代に対応するための自治立法指針などを定めるわけでもなく、これまでの要綱行政に対する評価などについても見解を表明していないのです。特に要綱行政に関しては、内部的にも決裁権限者（専決権者）が誰なのか明文規定がなく、それに関する内部の公式見解も存在しません。分権時代における自治体の法に対する姿勢をそろそろ明確に示すべきだと感じています。

こうしたことから、パブリックコメント制度を実施することそのものが重要であり、形式論については特に明確な考え方を有しておらず、住民参加の実質化を図ることを優先としていると理解するのが正しいかもしれません。これは組織内部に政策法務思考が浸透していないために生じる現象とも言えるでしょう。

パブリックコメントを介した説明・説得行動

さて、パブリックコメントによる交渉とはどういうことか、ちょっと理解し難いかもしれません。しかし、パブリックコメントに出された住民の意見に対しては、必ず応答することが求められています。政策過程において現実に個々の住民と対面して交渉することは不可能である以上、パブリックコメントを介した説明・説得行動は、交渉としての性格を有していると考えられるわけです。原則立脚型交渉の定義でも述べたように、交渉と説明・説得というのは交渉が対話の積重ねによるプロセスであり、一体のものとして密接に関係しているのです。例えばある政策案について正確にその趣旨や目的、内容について説明することは当然として、反対意見に対しては相手に納得してもらうように説得という行動もしなければなりません。交渉と説得というのは外見上は無関係な印象を持ちますが、例えば後に本章で紹介する用地買収交渉などは、公共事業によってその用地が不可欠である以上、説得の要素の比重が高いわけです。[39]

また、住民からの意見に対して、自治体職員が内部において応答内容を検討する際、当面、必死になって知恵を絞り、自分たちの行おうとしていることの正当性に関する説明と説得に尽力するでしょう。住民から多数の相反する意見が出された場合には、それぞれの応答内容に矛盾が生じないようにしなければなりません。また、多数の反対意見が出された場合には、いかなる応答をするのか内部で喧喧諤諤と議論がなされることも期待されるわけです。役所の論理だけでゴリ押ししようとせず、自分たちの言葉で説明し、説得するようにしなければなりません。[40] その中で新たな視点や考え方が創り出されることも期待できるのではないでしょうか。

三　協働から紛争、争訟への変容と協働の維持、断絶

紛争・争訟関係における協働からの断絶に正当性は認められるのか？

自治体と住民との間でなされる交渉について、協働関係における交渉と、紛争・争訟関係に変容したときに行う交渉とでは、その内容や目指すべき着地点が異なっているように思います。しかし、平常時には住民に協働を唱えながら、紛争や争訟に変容した途端に協働から一方的に離脱し、あるいは断絶するような交渉が許されていいものなのかは疑問です。紛争や争訟になれば、自治体のメンツをかけて闘争するような意識になってしまいがちで、まさに勝負を決するバトルゲームのように考えてしまい、自治体としての立場駆引き型交渉に陥っています。しかし、特に自治体＝加害者、住民＝被害者という構造のまま紛争や争訟へと変容した段階において、自治体が住民を「負かした」としてもそうした対応に果たしてどれほどの公益性が存在するのかということをもう一度考えるべきだと思うのです。政策執行過程でトラブルが発生し、住民に被害を与えたのは事実である以上、それなら被害者に対しては損害賠償金を支払えば、そのトラブルは終了であると主張する人も多いかもしれません。しかし、賠償金も、損害保険の掛け金も拠出者は住民です。

論争点の処理に加え、調和的な関係の回復を目指すべき

つまり、紛争や争訟における交渉では、[41]単に相互の論争点の処理を行うことを目指すのではなく、対立物の相互浸透、つまり相互の調和的な関係の回復を目指すべきだと思うのです。そうなると紛争や争訟の解決は、単に損害賠償金を支払っただけで終わりというような論争点の処理に限定した考え方を採用すべきではなく、

協働関係への復帰ということを主眼としなければならないと考えることが重要ではないでしょうか。自治体職員にとっては些細なことであっても、その住民にとっては重大な出来事であり、それが不信感の根源になることもあるわけです。そうしたことが、敵対的関係の継続に大きな影響を与えていることをもっと真剣に受止めるべきだということです。

協働・紛争・争訟の状況的関係

住民・自治体間関係の三つのフェーズとしての協働、紛争、争訟は、必ずしも一本の線で引いたように時系列的に進展し、段階的に変容するものではありません。しかし、市役所とは年に一回か二回、住民票を取りに行くところであるくらいにしか考えていない住民も多い中、そうした住民にも協働関係の構築を呼びかけている姿勢であることに異論はないはずです。それゆえ、いかなる住民とも協働関係を築き、維持しようとしている中で、特定の住民と紛争関係が発生し、協働関係への復帰という意味での解決に至らずに争訟へ進展する過程において、協働概念と乖離していく様相を露呈することになれば、その住民にすれば協働関係は崩壊したと考えるのは当然でしょう。悪く言えば、自治体は自分たちにとって都合の良いときには住民をパートナーであるとか、顧客であるとか言っているが、争訟関係に変容したら我々を敵視しているではないかという意識が形成されるのではないでしょうか。勿論、民間企業と顧客の間にも紛争や争訟は発生し、訴訟になっているケースは多数あります。しかし、根本的に異なるのは、自治体は住民が主権者であり、主権者である住民を敵視する関係を、協働理念を唱えている自治体が何故築こうとするのかというのが根本的な疑問なのです。

そこで、まず、協働関係から紛争関係、そして争訟関係への変容過程について概観するとともに、紛争関係と争訟関係における協働の維持又は断絶について論及しておこうと思います。

協働から紛争への変容

協働とは、住民と自治体が地域の最適化という同一目標に向かって実践し、構築していくことを表した概念として理解することができます。一方、紛争概念は相互の利益が対立し、衝突する状態を表した概念です。多くの自治体が地域に協働の仕組みを浸透させるべく、様々な取組みを実践しています。しかし、なんらかの原因によって紛争関係へと変容することは当然ながら少なからず発生するのです。

紛争の定義は単なる「もめごと」？

紛争の最もシンプルな定義は日常的な意味である「もめごと」です。この意味での住民と自治体間の紛争は、極端に言えば日常茶飯事です。市役所窓口では毎日のように住民が怒鳴り声を上げて職員を非難し、それに対して職員も負けじと自分たちの考え方の正当性を主張しています。こうした現象も紛争という概念に押し込むことは不可能ではないでしょう。勿論ですが、紛争にはもっと大きな現象もあります。

尼崎市の出先機関再編問題

尼崎市は極度の財政難を克服するため、かなり大胆な経営改革を実施しています。その一環として、支所などのいわゆる出先機関を大幅に再編することを提案しているのですが、当然、影響を受ける地元住民は反発しています。ここで協働関係を断ち切ることになれば争訟関係に進展する可能性は十分予測できます。市の財政事情を説明し、五カ年間で九〇〇人以上という職員の大幅な定数削減を実施する中で、市役所支所にある市民窓口を再編するという説明を繰り返し行っているようですが、地元住民たちにすれば身近にある支所窓口がなくなることは不便を強いられることになるわけで、なかなか納得してもらえません。

財政難と窓口再編の関連性の説明

財政再建団体への転落を防止することの重要性を説明しても、地元住民にすれば支所窓口の存置が重要なわけです。財政難を克服するために人件費を削減するという説明は、確かに公務員に妬み意識などを持っている人たちにとっては心地よいものかもしれませんが、いざ具体的内容になると市の「立場」を主張しているだけのように聞こえてしまう可能性があるわけです。つまり、財政難だと説明しても住民には抽象的で、それが支所再編とどのように連鎖していくのか、本当に理解してもらえるのはまだまだ困難なことが多いようです。

協働から紛争へ変容させるもの

協働から紛争へと変容するのはいかなる事態が生じた場合なのか、つまり、協働から紛争へと変容させる装置とは何かについて確認しておくことにしましょう。マクロ的な表現をすれば、多数の住民にとって余り関心がない問題、あるいは多数の住民が何らかの影響を受けるものの痛みを感じにくい問題は紛争関係を形成させる装置にはなり難いはずです。市職員の定数削減や給与カットが典型です。しかし、特定の住民に具体的な影響を及ぼす問題については、まさに特定の住民が痛みを覚えるがゆえに反対行動が発生しやすく、紛争関係へと変容させる装置としての役割を果たすことになるのです。先に述べた市民窓口の再編がその代表例でしょう。出先機関である支所は地元住民のコミュニティ活動、福祉相談などに直接影響を及ぼすだけではなく、地元政治家にとっても活動基盤に影響を受ける恐れがあるため、高齢者や低所得者への痛みが大きいなどと主張し、反対の姿勢に回る者が少なくないのです。その結果、紛争変容装置は、特定住民に対する影響という概念に凝縮することで表現することができるのです。

交通事故によって突然、自治体と住民との間に紛争関係が形成される

紛争変容装置の概念をこのように定義するならば、紛争への変容はたとえ一人の住民との間であっても生じ得ることになります。そして、平均的自治体職員が対応しなければならなくなる紛争関係の多くは、少数の特定住民との間で発生するものです。例えば公務中の交通事故によって、住民が被害を受けた場合の示談交渉があります。事故が発生するまでは自治体との関係は一人の住民という意味以外には特別な関わり合いを有していなかったことのほうが多いでしょう。協働関係といっても全ての住民が具体的に関与できるはずがありません。しかし、交通事故というトラブルによって加害者と被害者の関係が形成されるのです。過失割合の算定、損害賠償金の算出などについて、自治体が提示する内容と住民が主張するものとの間に大きな隔たりが生じることは珍しいことではありません。示談交渉に慣れていない職員にとっては非常に厄介な仕事になるわけです。勿論、住民にとっては天災と同様だと感じていることでしょう。

紛争関係における協働の維持、断絶

ところで紛争関係においては、それまでの協働関係は断絶されることになるのでしょうか。情報共有や説明責任を果たす責務は紛争に変容した段階で消滅し、あるいは放棄できるのかという問題になります。市民窓口の再編などに関して地元住民との間に生じた紛争では、引き続き説明と説得を粘り強く行わなければなりません。政策目的を達成するという使命を負っている以上、紛争関係が生じたからといって、簡単に協働関係を放棄することはできないはずです。市は協働関係を維持しながら、地元住民に説明と説得を重ねることによって合意に到達するようにしなければならないのです。ラフな表現になりますが、紛争関係へと変容したとき、協働関係を維持するのか、これを断絶するのかについては、自治体の姿勢次第なのです。しかし、断絶は当然ながら後々に禍根を残すことになるでしょう。

協働関係の維持に寄与する自治体議会

市民窓口を再編しようとすれば、最終的には支所設置条例などを改正する必要があり、議会の議決を要することになります。地域住民との合意がない問題に議会も批判的態度を採らざるを得ないことになります。住民との紛争関係が状況的要因として存在している限り、自治体のもう一つの代表機関である議会の存在が紛争関係における協働関係の維持に寄与していると考えることができるのではないでしょうか。

示談交渉と協働関係の維持

紛争関係における協働関係の維持は、公務中の交通事故における示談交渉を行う場合であっても基本的に妥当します。負傷した住民への見舞い、物損被害の場合なら初めに謝罪するという行動は、住民を敵と位置づけていてはあり得ない対応です。そのうえで、損害賠償金の算出、過失割合の算出などの根拠について説明し、説得を重ねた上で合意到達を目指すのです。

争訟関係における協働の断絶

紛争関係を円満に終結させることができず、交渉が決裂した後の状況はいかなる変容を遂げるでしょうか。一つには、交渉が決裂したままの状態で時間だけが経過していく場合があります。直接交渉を担当していた職員が人事異動などで交代した場合に、それまで築いてきた関係も途絶えることにもなります。やっているのは感情の塊である人間です。人が変われば感情も変わります。熱心に対応していた職員がいなくなり、後任の担当者にすれば尻拭いさせられているという意識が強く、熱意が伝わらないことを住民は感じるかもしれません。交渉の決裂を奇貨として事実上終結したと同様の態度をとる場合もあります。しかし、住民が被害者である事故における示談交渉が決裂した後、そのまま放置することは、自治体が為すべき対応とは思われません。この点に異論はないはずです。

訴訟に移行した途端、協働関係は当然に断絶なのか？

こうした場合、被害者たる住民は、損害賠償請求訴訟などを提起することになります。フォーマルな方法による解決を目指す状況が生み出された場合、その段階で争訟関係へと変容するのです。問題となるのは、争訟関係に至った段階においては、それがフォーマルな場での解決を目指すがゆえに、被告となった自治体は、協働関係が断絶してしまうことを当然視すること、つまり、パートナーあるいは顧客としての住民を敵として位置づけることになることです。しかし、争訟関係になった段階で協働関係が途絶えることが何故、当然視できるのかについての論理的説明は聞いたことがありません。まさに、争訟関係であるがゆえに協働は終焉するという考え方以外の何ものでもないのです。

自治体訴訟法務の根本的問題

民事・行政ともに訴訟の基本原理は言うまでもなく、二当事者対立構造です。そのため訴訟になった途端、多くの場合原告である住民をパートナーではなく、「敵」として考えてしまうわけです。訴訟原理に忠実な思考だといえばそのとおりです。

しかし、一方で訴訟には和解という解決方法も用意されているのです。訴訟上の和解とは、訴訟係属中、それぞれの主張を譲歩した上で、期日において訴訟物に関する一定内容の実体法上の合意と訴訟終了についての訴訟法上の合意をいいます[6]。ところが、自治体はいったん敵と位置づけた住民との間で和解を行うという選択は拒否する傾向が強いようです。その基本的思考は、やはり訴訟原理に忠実なものといえるでしょう。すなわち、情報共有や説明責任を実行しつつ、交渉を行ってきたのにそれが決裂し、住民が訴訟という手段を選択した以上、その制度の基本原理に即した対応をするべきである、つまり、公正な審判者である裁判所に自治体としての主張の正当性を肯定してもらうということになるわけです。自治体が訴訟上の和解に応じるのは、敗訴の可能性が高い場合に限定されているのではないでしょうか。勝訴できると見込めば、仮に裁判長が積極的に和解勧告をしても応じないこともしばしばだと思います。最近の和解事例で記憶に新しいものに東京都の銀行税条例事件があります。一審、控訴審ともに敗訴した東京都が、平成一五年一〇月八日、最高裁で和解しています。

住民からの協働の断絶

ただし、常に協働関係の断絶を批判することにはためらいを感じます。例えば、公営住宅の家賃滞納問題です。尼崎市では市営住宅の家賃滞納が一定期間を超えた場合、その者に対しては、積極的に訴訟対応を行うこととしています。勿論、訴訟提起前までの段階で居住者に対しては滞納家賃の納付を粘り強く交渉し、促してきています。決して訴訟をしたくて行っているわけではありません。しかし、多くの入居希望者が存在する市営住宅において、家賃滞納という最も基本的なルールに違反する人を放置しておくことはできないのです。住宅管理課の職員たちの苦労は、相当なものであると理解しています。協働の維持への努力にもかかわらず、これを拒んできた居住者に対しては、法的な対応をせざるを得ないわけです。また、市営住宅の明渡し訴訟では協働関係を断絶した対応に徹しています。つまり訴訟上の和解には応じていないのが実際です。

争訟関係における協働の可能性

争訟関係が形成された段階で住民を敵視することに転換する自治体の態度は、協働の思想から正しいことなのでしょうか。住民と争訟関係が形成される場合、その原因は自治体側にあることが非常に多いのです。自治体が考える公共の福祉、地域の利益を実現するために住民に働きかけ、住民がこれに反する利益を主張し、交渉が決裂した後に争訟関係が形成された場合において、自治体が今度は住民を敵視することになれば、その豹変ぶりを知った住民は、肝心の平常時における協働関係への信頼構築に不信感を抱くことになるのではないでしょうか。

自治体訴訟法務の新たな方向性

私は、不幸にも争訟関係へと変容した場合であっても、協働関係を崩壊させずに、引き続き交渉によって合意を図るという対応を、より積極的に採用するべきであると考えています。訴訟過程において、裁判官を仲介者として交渉を進め、和解による解決を目指すことを基本的な訴訟法務方針とすべきであると考えるのです。訴訟原理に過度に忠実になっている反面、自分たちが不利な状況に追い込まれた場合にだけ和解に応じるという態度は、果たして真に住民をパートナーとして考えているのか深い疑問を持ってしまうのです。[43]

やっぱり重要な自治体議会

こうした考え方が広まるかどうかのポイントは、やはり、自治体議会にあると思われます。首長の専決権限を越える高額な賠償金を支払う場合には、議会の議決を要します。一審で敗訴した自治体が控訴、上告する訴えの提起を行う場合にも議会の議決を要します。訴訟事務には弁護士費用、職員の人件費などを費やすことになり、コスト面において必ずしも得策ではありません。議会が裁判所を仲介者として和解による早期解決を提言することで、争訟関係における協働も夢ではなくなるのです。自治体経営を標榜するならば、訴訟対応のあり方についても協働とコスト重視の姿勢に転換しなければならないと思います。

協働関係における紛争「解決」の意味

事故に遭って傷害を受けた住民にすれば、一日も早くケガを治して元の生活に戻りたい、職場や学校に復帰したいという気持ちを強く持つことでしょう。それゆえ、示談交渉を開始する前に、まずは治療に専念してもらうことが多いわけです。その後に具体的な損害賠償金に関する交渉を行うことになります。相手側から申出があれば、自治体側が治療費を立替払いすることもあります。治療によってケガが回復し、また、事故から一定期間が経過すれば事故を起こした職員などに対する怒りが緩和しているという心理状態などを考えた対応でもあります。痛みが無くなり、元の体に戻れば怒りは和らいでくるでしょう。ケガも治ったし、一定の賠償金も支払ってもらえるならいいだろうということで、比較的早期に示談交渉が成立することとを図っているのです。これが紛争「解決」であると言えばそうなのですが、中には事故当時の状況が忘れられないまま過ごす人もいるでしょうし、傷跡が残ったままのような場合には感情的には割り切れない気持ちのまま過ごす人もいると思います。その人にとっては「解決」にはなっていないのかもしれません。紛争解決ではなく、論争点の処理に終始する、紛争「処理」になっていることを自治体職員は改めて認識すべきではないでしょうか。「紛争解決」という概念を厳密に定義するならば、金銭的な満足とともに、すっきりとした気持ちになり、その紛争事件のことを綺麗に水に流すくらいの精神状態になることだと思うのです。事故を経験し、大きな傷害を負った人が現実にそうした心理状態に至ることは極めて困難だと言えるのではないでしょうか。

表面的な合意で済ませず、調和的関係の回復を目指すべき

住民との間で生じた紛争を「解決」するための紛争解決法務として交渉を行う場合、多くの自治体職員が念頭に置いているのは損害賠償金や補償金など、具体的な数額による表面的な合意の到達です。相手の要求と近似値であれば多少の譲歩をしてでも早急に合意に達することに力を注ぎます。論争点の処理という乾燥した実務的対応で、立場駆引き型交渉に即した対応だと言えます。確かに交渉実務を担当している自治体職員にすれば、早く交渉を終わらせたいという気持ちが強いことでしょう。

しかし、一方で住民との協働を唱えている自治体の対処のあり方として、論争点の処理だけに終始してしまうことが紛争の解決なのかという疑問が生じます。示談書に記名、押印し、賠償金の支払いを済ませばそれで事務としては終了なのですが、それだけで従前同様の協働関係が再構築されるとは到底考えられないのです。住民との間で調和的な関係の回復を図る態度を示さなければ、その住民は協働を呼びかけても二度と応じないでしょう。賠償金を受け取ったから紛争が解決したことには必ずしもならないのです。合意には多様な背景事情が存在しているのです[44]。立場駆引き型交渉から原則立脚型交渉へと転換するためには、こうした姿勢も改めなければならないと考えられます。

このような三つのフェーズについて、かなり荒削りなものですが、イメージとして描くと次の図表5のようなものになると思います。

〈図表5〉協働・紛争・争訟の状況的関係（ラフ・イメージ）

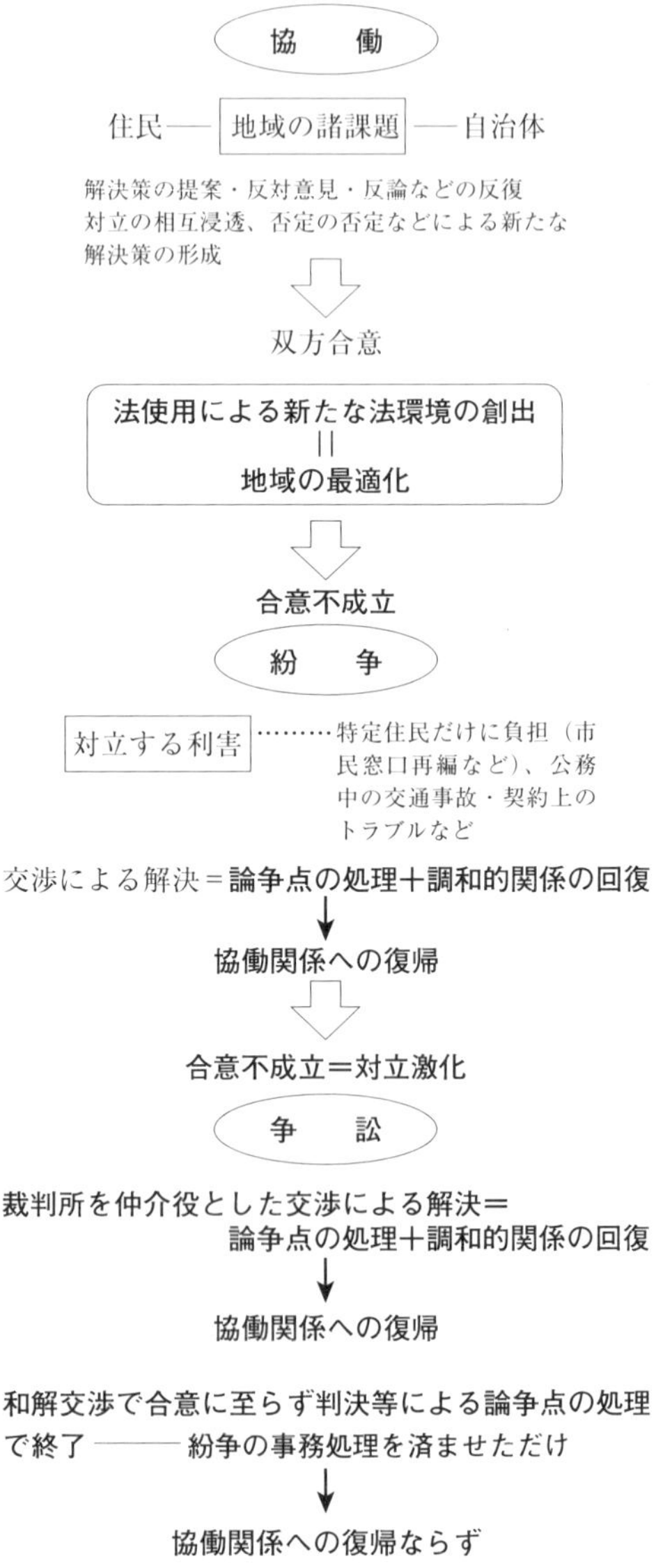

四　紛争・争訟に変容した交渉事例［Ⅰ］

用地買収交渉における紛争・争訟事例

この事例は、私が市職員として初めて担当した訴訟事件でもあり、事件発生から既に十数年経過しているのですが、今もなお印象深い事件の一つとして記憶に残っています。勿論、当時は自治体の仕事における交渉の重要性などを考える余裕は全くありませんでしたので、あくまで訴訟事務として従事しただけでした。しかし、今もこうやって記憶に残っているのは、やはり何がしかの関心を潜在的に持ったままでいたからだと思うのです。

土地所有者と家屋所有者は別人で、かつ、同居

事件の内容は市営住宅建設用地の買収契約に関するものでした。土地所有者はX、その敷地上に存在する家屋の所有者はYで、両者はこの家屋に同居していました。担当職員たちの熱心な交渉の末、土地所有者Xは土地売買契約書に署名、捺印し、いったんは土地売買契約が成立していました。普通ならば後の事務処理としては売買代金を支払い、土地所有者が期日までに家屋を撤去し、土地を明け渡すことになるところですが、契約締結を知った家屋所有者Yが激怒し、契約の撤回を強行に申し入れてくるという事件に発展したのでした。担当職員たちは当然ながらこの申し入れを拒否しました。しかし、Yの怒りは収まりません。契約に基づく土地明渡しの期日が過ぎても、Yは勿論、Xまでもが家屋に居住し続けていました。契約成立後も再三再四に渡って土地明渡しの交渉を行っていたようでしたが、結局は市営住宅の建設計画との関係もあり、建物収去土地明渡し請求訴訟を提起することになりました。用地買収関係で市が原告となって訴訟を提起することも珍しいのですが、何よりも契約が成立しているにもかかわらず、明渡し交渉が難航し、訴訟でなければ対応できなくなったのは何故なのかという疑問は、今もまだ残っています。

土地所有者Xの反乱？

そもそも土地所有者Xが土地売買契約書に署名、捺印した理由は何だったのかについては不明です。あくまで推測の域を出ませんが、一つには同居人のYとの関係があったのではないでしょうか。担当職員の説明などの記憶を辿ると、XはYとの関係においては相当厳しい服従関係にあったようでした。市営住宅建設用地として買収するため、買収対象の土地面積は相当な大きさであり、それゆえ売買代金も高額なものだったと思われます。金額を見せられたXに動揺が走ったことはあり得ることでしょうし、常にYに服従させられてきたXにすれば、自分の財産である土地を処分できる権限は自分しかいないと諭されれば悪い気分にはならなかったはずです。

家屋所有者Yが不在の間になされた土地売買契約の不可解

担当職員はこうしたXとYの関係を交渉過程において熟知するに至っていたはずです。疑問なのは何故、Xの同居人で、家屋所有者Yが同席していないまま、Xだけとの面談で土地売買契約の締結を強行したのかということです。まさか、市の担当者が土地所有者はXである以上、家屋所有者のYは関係ないとは考えなかったでしょう。しかし、その真意は今となっては謎のままです。

結果はあっさりと和解

ただし、この訴訟はあっさりと和解で終わりました。判決を得て強制執行するほどの事件ではなく、X、Yとも和解に応じて土地から退去したのでした。市が和解に応じたことによって、円満に解決し、単なる論争点の処理で済ませなかったことは一定の評価をすることができると思います。

尼崎市が勝訴確実である訴訟であるにもかかわらず、わざわざ和解をした理由は、当時の尼崎市長の意向もあったのではないでしょうか。それ以外に理由は思い浮かばないのです。市長としては用地買収に協力してくれた住民を訴えるということは心苦しく思っていたのかもしれません。当時は尼崎市において協働概念は全く認知されていませんでしたが、潜在的にせよそのような意識を持っていたのかもしれません。

市が議会の議決を得た上で訴訟を提起し、正味二回ほどの口頭弁論の後、あっさりと和解したことに対して議会からは批判の声はなかったと記憶しています。もちろん、担当課長たちの非公式の折衝において議員に説明を行い、理解を得たためであると思われますが、こうした対応が先例的価値として乏しい位置づけになっているのは疑問でもあります。

五　紛争・争訟に変容した交渉事例［Ⅱ］

土地区画整理事業に伴う借家人の移転交渉の紛争・争訟事例

用地買収交渉に類似する事例として、土地区画整理事業に伴う借家人の移転交渉事例があります。この事例も一旦は移転交渉が成立し、移転先へ引越しをした借家人が、契約成立の無効などを主張して本人訴訟を提起した事件です。最終的には市が勝訴しています。私は訴訟事務担当者として、一審訴訟の途中まで担当しました。土地区画整理事業に伴う訴訟は珍しいこともあり、相手側の訴え提起から一五年近く経過しても、私としてはやはり強く印象に残っている事例です。

土地区画整理事務所の担当職員たちは、事業区域内の土地所有者と交渉の末、合意に達し、換地処分を行いました。ところが、所有地上の建物で商業を営んでいた借家人Tは、換地処分によって移転した土地では商売にならないと主張し、移転補償交渉が難航しました。担当職員たちは結局、Tの主張を一部受け入れ、移転補償と営業補償を上積みし、なんとか折り合いをつけ、合意しました。ところが、合意から数ヶ月後、Tは損失補償金が違法に少なく算定され、補償契約書に署名、捺印は錯誤に基づくものであるとして、補償契約の無効確認と損害賠償請求の訴えを提起したのでした。

土地区画整理事業も交渉の積重ね

自治体が土地区画整理事業を直接施行するということは、全くないわけではないものの、非常に稀です。住民感情という問題だけではなく、それだけの人的資源を集中させることは、多くの自治体では現実問題として、まず不可能だからです。この事例においても、事業区域内の地権者らと換地処分を行うに際して誠意を持って交渉を繰り返し、信頼関係を構築していくことで円満な事業遂行を心がけていたのです。幸いにして担当職員たちの温厚で誠実な人柄もあり、ほとんど大きなトラブルもなく事業は順調に進捗していたと記憶しています。その中での訴訟は、担当職員たちにすれば、まさに青天の霹靂であったでしょう。

法的には権利者ではない借家人の抵抗

この事例の第一の特徴は、土地所有者は換地処分を受け入れたにもかかわらず、その土地上の借家人は移転に抵抗している点です。理屈どおりならば地権者が換地処分に合意している以上、地権者ではない借家人がそれに口を挟む余地はなさそうですが、相手は生身の人間であり、特に生活がかかっているとなれば必死に抵抗してきます。強制力のある直接施行が出来ない以上、粘り強く交渉するしかないわけです。こういうことは実際に対応している現場の職員でない限り、心底から理解してもらうことは困難かもしれません。

借家人Ｔは、人柄という点においてもかなり交渉が難しい相手だったようです。私も裁判所で何度か会話をした記憶がありますが、行政に強い不信感を持っており、かなり気難しい人物だという印象でした。こうした性格から、移転交渉の席上においても担当職員に対して、幾度となく市の補償金算定基準の開示を求め、提示された補償金額が正当なものなのかどうかという点を執拗に問いただしていたようでした。そのため担当職員たちは土地所有者よりも借家人Ｔとの補償交渉に多くの時間と労力を費やしていたのでした。移転補償費についてＴが特に強調していたのは、Ｔが営む業種では交通量の多い道路に面していなければ商売として成り立たないということでした。換地処分先の土地での商売は道路から離れた場所になり、営業上の支障が大きいと主張していたのです。もっとも、Ｔのこの主張が果たしてどの程度正当性を有するものなのかは、土地区画整理事業を担当する職員たちにはほとんど判断ができなかったようです。

交渉過程における詐欺を主張

Ｔの主張は、要するに移転後の営業補償の算出を違法に低くしていること、交渉の中で担当職員らにＴを錯誤に陥らせる詐欺的な言動があったということです。土地区画整理事業に伴う補償基準について、市では中央用地対策連絡協議会が定めた基準に準拠した形で独自の基準を策定していましたが、これを開示することは現場では一切しておらず、そのことがＴの不信感を増長させたようでした。

しかし、担当職員らにすれば、詐欺的言動によりＴを錯誤に陥らせたことは全く身に覚えがなく、到底承服できないと主張していました。むしろ、実情として、Ｔは最後の交渉相手であったため、早期に事業を竣工させたかったことから、他の権利者よりも相当有利な条件を出していたのです。つまり、Ｔに支払った補償金は

「出しすぎ」ということはあっても、「不足」ということはあり得ないとの認識だったわけです。

土地区画整理事業も土地区画整理法も知らない自治体職員、弁護士、裁判官

このケースの第二の特徴は、原告は借家人であり、土地区画整理法に基づく換地処分の取消訴訟ではなく、あくまで契約の無効確認、損害賠償請求という民事訴訟になっていたことです。ところが担当職員は、土地区画整理事業の内容については説明できても、土地区画整理「法」を熟知しているわけではなく、ましてや民法の詐欺や錯誤の法的意味を知らなかったのは言うまでもありません。一方、訴訟担当者であった私や顧問弁護士、そして担当裁判官が、土地区画整理事業の実務経験があるはずもなく、土地区画整理法を詳しく勉強しているわけではないという状態でした。

法廷での担当裁判官の対応は、土地区画整理法そのものの解釈が争点になっているわけではないため、当時の旧民事訴訟法に基づく準備手続を実施し、事実認定に時間を割いていました。担当裁判官が土地区画整理事業の実務を知らないことに加え、原告Tの訴状や準備書面を読んでも事実関係に曖昧な点が多いということを考慮した対応だったと思います。

最終的には市は勝訴したものの、住民の生活や財産に大きく影響する場合の交渉の難しさを痛感した事件でした。

公正な基準に基づく交渉の重要性

自治体職員が住民と交渉しなければならない場合、その相手が何らかの理由で自治体行政に強い不信感を持っていることがあります。「役人の言うことは絶対に信用できない」という強固な意思を持っている人との交

渉は、当然、難航することが多々あります。この事例はそうした交渉にあてはまるものでした。このような人と交渉をしなければならない場合、例えば補償金の多寡ではなく、いかに公正な基準に基づいたものか、その公正な基準とはどういうものなのかを知りたがることが多いように思います。具体的には、類似事故に関する最高裁判例によって認められた損害賠償金額があれば、それに準拠していると説明することで、「仮に訴訟を起こして争っても、これ以上の成果は得られない」と主体的に判断してもらえるようにすることが重要だと思います。

六　学校事故の特殊性

多種多様の学校事故

紛争・争訟事例において私が大きな関心を持っている分野に学校事故があります。学校事故といっても訴訟にまで発展し、数千万円から億単位の損害賠償金の支払が問題となるものから、休憩時間中に遊んでいて、転んで擦り傷を負ったという程度のものまで多種多様です。学校事故による治療費などは独立行政法人日本スポーツ振興センターから支給されるため、児童・生徒がケガをした場合に紛争に至るのは死亡、または、重大な後遺障害が残るような事故が発生した場合に限られているのが現状です。

兵庫県でも多発する学校事故

学校事故の中でも、クラブ活動中の過剰な練習や指導、いわゆる「しごき」がなされた場合に事故が発生する確率は高く、現実に生徒が死亡した場合には当事者の一方が生存していないため、真実の解明ということが遮られてしまうことが少なくありません。残念ながら、私が住む兵庫県でもこれまで幾度となく重大な学校事故が発生しています。

尼崎市立中学校柔道部員死亡事件

少し古い事件になりますが、尼崎市では一九八六年（昭和六一年）九月から二ヶ月ほどの間に、二つの中学校でたて続けに柔道部の練習中、顧問教師の過剰な指導が原因で生徒が死亡するという事件が発生しました。最初の事故が発生した後、ほぼ示談の成立に合意がなされつつあった矢先に再度同様の事故が発生したことで、交渉は難航したようでした。示談書の内容には「今後、このような事故を二度と起こさないように努力する」などといった文言を挿入することが多いと思いますが、どれほどの重みがあるのか、住民からかえって不信感を持たれるのではないかと思っています。

校門圧死事件

この他、一九九〇年（平成二年）七月六日に発生した県立高校の校門圧死事件は全国を震撼させました。記者会見の席上での学校長の発言や態度に非難が集中したことも印象的でした。

龍野市小学生自殺事件

また、余り大きな報道はなされなかったと思いますが、龍野市の小学校六年生の児童が担任教諭から殴打され、同日中に自宅付近の裏山で首をつって死亡した事故について、一九九四年（平成六年）九月に死亡した児童の両親から市に対して損害賠償請求がなされ、三五〇〇万円余りの支払が命じられています（平成一二年一月三一日神戸地裁姫路支部判決）。この事件は学校内で発生した児童の自殺という事例であったため、細かい事実関係が明確にされなかったようです。そのため、何故自分の子供が自殺したのかという、真実を知るために訴訟になったものと理解しています。亡くなった児童のご両親はさぞ苦しい思いをされたのではないでしょうか。学校事故の被害者（遺族）が二重、三重に苦しめられることになることが珍しくない事件の代表例として印象的でした。

川西市立中学校ラグビー部員死亡事件

最近では、一九九九年（平成一一年）七月に川西市の中学校でラグビー部の練習中、熱中症で倒れた生徒を適切な処置をせずに放置しておいたところ、その生徒が死亡するという事件が発生し、川西市教委は事実関係を明確にせず、訴訟にまで発展しました。一審の神戸地裁二〇〇三年（平成一五年）六月三〇日判決では一億二〇〇〇万円の損害賠償請求に対して、約四〇〇〇万円の支払を市に命じ、確定しています。ただし、教師に対する損害賠償請求は却下されています。この事故については、当時の顧問教諭は業務上過失致死で書類送検されましたが、検察庁は死亡の予測は困難としていったんは不起訴処分としたところ、検察審査会が二〇〇二年（平成一四年）四月に不起訴不当の議決をしたため、再捜査の結果、二〇〇四年（平成一六年）四月には在宅起訴されることになったことが報道されていました。(45)

教育関係者による破廉恥事件

このほか、兵庫県内だけに絞っても、ここ数年間で教育関係者によるセクハラなど破廉恥事件が多発したことは記憶に新しいところです。例えば、二〇〇三年度における神戸市職員の懲戒処分は四二人で、うち教育関係者が二一人と半数を占めていることが報道されています。体罰や教え子の女子生徒にわいせつ行為をした教員などが目立つようです(46)。しかし、私は、神戸市のようにきっちりと懲戒処分を実施しているのは、組織の統制が機能しているため、一定の健全性を維持する作用が存在していると思っています。

表沙汰になるのは氷山の一角

それゆえ、これらの事件は、「幸運にも」表沙汰になったものだけであり、氷山の一角であることは言うまでもありません。例えば、学校で児童・生徒が負傷するような事故が発生した場合、市教育委員会へ報告することになっていますが、報告書をどのように読んでも、不自然極まりないケガの発生状況と思われる事例はかなりあります。こうした報告書であっても、学校現場から体罰ではない、事故であると主張されれば、これを覆すことができる証拠がない以上は判断ができずに終わってしまうのです。

支配者と被支配者の関係が招く学校事故

教育現場や教育関係者にこうした事件が頻繁に発生する原因について感じることは市民不在という点です。教育の世界に市民は存在しない、存在するのは「保護者、児童、生徒」なのです。つまり、「支配者」と「被支配者」という潜在意識がこうした事件の背景にあるのではないでしょうか。学校現場の勤務経験もある者としての率直な実感です。

七　法定外地方税を巡る交渉

成功例ばかりではない。ならば……

分権改革によって法定外税の導入が先駆的な自治体で試みられており、例えば、三重県産業廃棄物税条例は全国初の産廃条例として注目され、成功例の一つであると思われます。[47]

しかし、残念ながら、必ずしも成功している自治体ばかりではないのが実情です。地域に独自の税を組み込むことの難しさを感じます。むしろ既存の税を確実に徴収することに力を注ぐほうが現実的な対策であり、最も適切なやり方であるとも思います。[48]尼崎市では景気の低迷による市税滞納者の増加に対応するため、管理職によって全庁的な滞納対策に懸命に取り組んでいます。

横浜市のケース

三重県条例以外で全国的に最も注目された法定外税としては、横浜市の勝馬投票権発売税条例があります。国地方係争処理委員会での最初の事案であったため全国から注目されたのですが、再協議を勧告するという中途半端な内容であったというのが率直な印象です。しかも、残念なことに、横浜市は新税導入を断念したようです。

新税導入に関して、「出鼻をくじかれた」と思った自治体関係者の方も多かったのではないかと思います。

阻まれた太宰府市の駐車場税

地方税に関する最近の珍しい事例としては、福岡県太宰府市が平成一五年五月二三日に導入した「太宰府市歴史と文化の環境税条例」に定める、いわゆる駐車場税をめぐる市と事業者との交渉事例があります。この条例は、有料駐車場に駐車する行為に対し、その対価を支払う者に課するとし（第五条）、課税額は普通車一〇〇円、大型バス五〇〇円、マイクロバス三〇〇円、バイク五〇円とし、駐車一回ごとに駐車場料金に加算し、徴収は駐車場経営者が行うこととしています（第七条、第一〇条）。

しかし、導入直後に課税対象の駐車場事業者の多くが徴収を拒否し、事実上破たんしていました。そこで、平成一五年九月には駐車場事業者、市民代表、太宰府天満宮関係者らで組織する「歴史と文化の環境税運営協議会」を発足させ、打開策を論議し、平成一六年二月になって、税徴収の再開を前提に、大宰府市は、観光・産業の振興、交通体系の確立、環境保全、歴史・文化の保全の四事業を対象にした、平成一六年度から三ヵ年間の事業計画案を提示したことで合意に至ったようです。

太宰府市議会は平成一六年三月三日、歴史と文化の環境税（駐車場税）の見直し時期を従来の「施行後五年」から「三年」に短縮する条例改正案を、委員会付託を省略して採決、全会一致で可決しています。駐車場税に反対してきた業者らは改正を「施行後三年の二〇〇六年五月で事実上廃止」と理解しているようですが、議会での市側の説明と質疑が焦点となっていたにもかかわらず、実質審議がないままの可決となったことには批判もあるようです(49)。

観光都市におけるイメージと調和的関係の回復

市民窓口再編問題などと同様、地方税の導入でも同じ現象が発生します。すなわち、歴史と文化の環境などいった誰もが享受できる公益のために、特定の住民が苦痛を受けなければならないという場合、苦痛を受ける側は必ず反対行動を採ります。このような現象は全国あちらこちらで発生していると言っても過言ではないでしょう[50]。それゆえにこのような政策を導入する場合には、法制度の設計がいかに合理的であるかという政策法務の重要性と同時に、自治立法過程の初期段階における交渉の良し悪し次第で、条例の執行を左右することになるのです。つまり、税の負担者に対していかに説明、説得し、双方が合意に至ることができるかという意味での交渉が重要になってくるということです。太宰府市における詳しい対応ぶりを調査したわけではありませんが、その点で反省すべきことがあるかもしれません。

言うまでもなく、太宰府市は全国でも指折りの観光都市です。事業者たちと紛争関係にあることが報道されるだけでも都市イメージとしてはマイナスになることを否定できないと思います。今後、いかにして駐車場事業者などとの協働関係を再構築できるか、つまり、調和的関係の回復を実現できるかは観光都市としての資源を維持・拡充する上で非常に重要ではないでしょうか。

八　自治体「窓口」での交渉

「市役所の顔」と交渉

自治体職員による交渉で見落としてはならないものとして、自治体窓口における交渉を取り上げておきたいと思います。自治体窓口という表現は余り使われていないと思いますが、要するに市民課、税務課、福祉課、福祉事務所、介護保険課など、自治体職員が日々、直接住民と対面することによって業務に携わることを職責とする部署全体を指します。尼崎市ではつい最近まで「市役所の顔になりませんか」というキャッチフレーズで窓口職場に限って職員を内部で公募していました。こうした部署においても政策法務は重要であり、決して無関係ではありません。窓口対応では、行政処分を中心として、いかにして住民を説得し、納得させるかという側面に焦点が移るでしょう。住民にすれば、窓口にいる職員がまさに行政庁としての存在になり、そういう点から見れば、確かに市役所の顔になるわけです。

窓口職員は住民満足度の指標

自治体行政に対する住民の満足度は、窓口職員の対応ぶりに負う比率がかなり高いと思われます。市役所は窓口職場だけではないのは住民も熟知しているはずですが、自分たちに直接サービスを提供する窓口職員の対応が、そのままその自治体の住民への態度として判断されることになるわけです。一年に何回も行くこともない市役所に行ったときに、窓口対応の職員によって不快な思いをすれば、だから役人はけしからんということになってしまいます。また、職員の不祥事などが発生すれば、税務担当職員は一ヶ月ほど徴収のための戸別訪問を控えると聞いています。不祥事が発生したとき、最初に槍玉に挙げられるのは税務担当職員だからです。不祥事を起こしておきながら、住民に対して税金を支払ってくださいとは到底言えないのが国と最も異なるところではないでしょうか。ちょうどこの部分を執筆しているときに現職閣僚などの国民年金保険料の未納が問題となっていました。そんな状況であっても、増加する国民年金未納者に対して社会保険庁は平然と保険料の強制徴収を実施するのではないでしょうか。

矛盾した声に苛まれる窓口職員たち

福祉事務所や税務部など、窓口職場にいる職員たちの話を聞いてみると、ともかく様々な住民の相反する矛盾した声に苛まれているのがよくわかります。例えば、税務部にいるある親しい職員によれば、「俺たちの税金を酒浸りのヤツへの生活保護に使うな」と言われることが頻繁にあるそうです。長引く不況で生活保護受給者が激増していることは新聞などでしばしば報道されるようになっています。そのため納税のためにやって来た住民からこうした声が出るのだと思います。一方で、福祉事務所の親しい職員によれば、生活保護が認められないと返答すると「なぜ、俺に生活保護を認めない」と詰め寄る人、「オニ！」などと、わめきちらして非難する人もいるようです。

笑顔での接遇が裏目になることも

福祉事務所などで長年仕事をしている親しい職員の話は興味深いものがあります。彼によると、かつて接遇研修で教えてもらったとおりに笑顔で接遇をしていたら、「俺が真剣に相談しているのに、なにをニタニタ笑っとるんじゃ！」と怒鳴りつけられたそうです。生活保護の相談にやって来た住民に、笑顔で相談を受け、ついでに「それでは生活保護は認められませんねぇ……」と、これまたニコニコと笑顔で答えてしまったのです。住民にすれば、完全に馬鹿にされたと思ったことは間違いないでしょう。彼曰く、現場の実情を知らない講師がする接遇研修は全く役立たないし、電話の受け答えの仕方をいくら教えられても現場で役立つことは少ないということです。いかにして相手を納得させるかが大事であって、笑顔かどうかは二の次になるのです。

窓口でする交渉

窓口での交渉という表現には違和感を持つ人も多いでしょう。窓口の仕事は交渉ではないと叱られるかもしれません。窓口事務で重要なものは、各種申請書類やこれに伴う許認可などであり、従来の行政法理論によれば、そこには対等・協力関係、あるいは協働参画などの概念は予定されていないはずです。申請書類に不備があれば、申請は受理されず、要件が整っていなければ申請がなされても不許可処分になるわけです。

そこで、行政処分を巡っての窓口でのやり取りについて、自治体職員と住民との関係を再構成しなければなりません。結果として申請受理が却下されたり、不許可になったりすることもありますが、それが何故、そうなるのかについて法的な説明を行い、説得を積み重ねることで理解し、納得してもらう必要があるのです。どうしても住民は、役所の人は窓口で杓子定規な法律論を振りかざしてくると思われています。それは職員のコミュニケーション能力と関係法令をしっかり理解しているかどうかという点にも問題があると思います。いかにして巧く相手に伝えるかは、職員の法務能力にかかっていると言えるでしょう。窓口対応も政策法務の中に含まれ、執行法務そのものなのです。日頃、法務に無関心な自治体職員には、特にこの点について認識すべきであると思います。末端現場では、法務とコミュニケーションの両刀使いが求められていると言ってもよいでしょう。

保育料も給食費も支払わない住民

昨年、「親が保育料を支払っていない場合であっても、法的に子供の保育を拒否できないのか」という質問を受けました。ある親しい職員と雑談中に出てきた話題です。保育所に子供を入所させているにもかかわらず、保育料を滞納する保護者が年々増加しているとのことですが、もちろん、保育所は保育に欠ける児童を保育することが市町村の義務となっていますので（児童福祉法第二四条第一項）、法的にはそれは不可能であり、保育料の滞納者に対する最終的な法的手段としては滞納処分で対応するしかありません（児童福祉法第五六条第三項、第九項)。[51]

保育料についても、生活困窮者であれば減免などの救済措置もあるのですが、実際には支払い能力はあるのに支払いを拒否する保護者が増えているとのことです。真新しい自家用車に乗り、最新型携帯電話を使っているにもかかわらず、保育料を平気で滞納する人が増えているというのです。自治体が事実上何もできないと知れば、さらにこのような無責任な態度を取る人たちは増加するのではないでしょうか。

杜の都・仙台市でも

こうした事態は尼崎市だけではありません。例えば、仙台市の小中学校で給食費の滞納が急増していて、二〇〇二年度は滞納が過去最高の一五六八世帯、約三五〇一万円に上ったとのことです。滞納者には生活困窮も少なくないものの、半数以上は「払いたくない」などの身勝手な理由で、尼崎市の保育料滞納者と共通すると思います。滞納のしわ寄せで給食の質を落とさざるを得ない学校も出ていることや、給食費支払いの民事の時効が二年と知った上で納付を延ばす知能犯的な親もいるようです。訴訟で回収を図ろうとしても一件当たりの訴額が少額であり、弁護士費用などで見合わないため、個人のモラルに訴えるしかないと仙台市教育委員会も頭を抱えているようです。[52]

住民との協働関係の構築には、住民自身がルールを遵守し、協働関係から離脱しないように努めることも求められます。今のところ滞納処分や訴訟対応までにはなっていませんが、限界はあると思います。現場にいる自治体職員とすれば、頭痛のタネです。

介護保険料に対する不満

介護保険課で仕事をしていて、窓口や電話で住民から苦情、不満を言われることは日常茶飯事です。その中で特に多い苦情は、言うまでもなく「保険料が高いので何とかしてほしい」というものです。

保険料についてはこれまで多くの苦情を受けてきましたが、そこで感じることは、「自分は介護保険の世話などにはならない」ということを前提として、「だからそんなことに毎月何千円も保険料を払うのはバカバカしい」という考え方です。普通、自分が寝たきりになったり、痴呆になったりするとは誰も思っていませんから、当然と言われればそのとおりです。しかし、現実に要介護状態になってしまい、保険料を滞納していた結果、給付制限を適用される人が増えてきていることも事実です。保険料滞納者への説得、そして説明責任の重要性が高まります。

高所得者と低所得者のいずれにも不満が出る介護保険料

尼崎市は平成一五年度からの第二期介護保険事業計画において、介護保険料を一九・二％もアップしました。にもかかわらず平成一六年度には約三億五〇〇〇万円の赤字の見込となっています。今のままであれば、平成一七年度において実施予定の第三期介護保険事業計画の策定においては、介護保険料の更なる大幅増額改定は必至です。その場合、低所得者に対する減免制度の拡充が議論の対象になることも想定できます。市民窓口の再編や地方税と異なり、介護保険料については高額所得者からの不満はそれほど目立ちませんが、いずれ類似の現象が発生することは予測可能であると思います。

介護サービス利用に関する苦情・相談と交渉

介護サービス利用に関する交渉は、利用者と事業者間の契約でなされる以上、保険者である市町村が介入し、事業者と直接に交渉することは困難な面があります。しかし、それでは介護サービスの利用をする要介護高齢者はかなり不利な状況に立たされることになると思います。タテマエ上、契約は対等当事者間による意思の合致によるものですが、介護サービス利用契約については、プロである事業者と要介護高齢者やその家族との関係をとても対等関係とは言えない状況であると言えるでしょう。そこで公的機関が苦情相談に応じなければならないことになります。

国民健康保険団体連合会の苦情相談窓口

介護保険に関する苦情相談については、各都道府県にある国民健康保険団体連合会が苦情相談窓口を設置して対応しています。苦情申立があれば、調査等のうえ、事業者に指導、助言をすることになっています（介護保険法一七六条一項二号）。例えば、兵庫県国民健康保険団体連合会では、平成一二年度から平成一四年度までの苦情相談受付状況をまとめています。それによると三カ年間で相談一二四〇件、うち申立七三件となっています。[53] 苦情を寄せてきた人には、その内容に応じて助言し、あるいは事業者と交渉を行い、改善を求めるなどの対応をし、事態の改善に一定の成果を挙げているようです。積極的に対応されているというのが、私の印象です。

市役所での苦情相談

もちろん、介護サービスの利用に関する苦情や相談は、市役所にも多数寄せられます。尼崎市では、苦情や相談を受けた職員は、所定の様式に日付、時間、自分の氏名、相手の氏名、連絡先などとともに、その苦情・

相談内容と対応結果も記入することにしています。平成一五年度のファイルを見てみると、数十件の記録がぎっしりと綴じてあります。

具体的な苦情・相談内容は、実に様々です。一般的な傾向で言えば、サービス種類別の苦情・相談では訪問介護に関するものが多いようです。兵庫県国民健康保険団体連合会が平成一四年度に受けた苦情・相談四七〇件のうち、訪問介護に関するものが二八・七％を占めていることが公表されています(54)。サービスの質に関連しての苦情・相談としては、例えば、掃除の仕方が荒っぽい、依頼どおりの家事援助をしない、家中を歩き回り勝手口や扉を開けたままにするなどです。また、こうしたことをケアマネジャーや事業所の経営者に相談してもまともに取り合ってもらえないという声も少なくありません。電話での相談では、「事業者を変えたいが、それは可能なのか」という質問もしばしば受けます。そのような質問を受けた場合、私は「乱暴な扱いをするような事業者とは契約を打ち切りなさい」と強い調子で勧めることにしています。相談者の中には、独居の高齢者本人である方も多く、そんな人は信頼できる相談相手もいないこともあり、いかにも心細いといった様子です。そのため、市職員が強い調子で一定の方向へ誘導するようなことも時として必要ではないかと思っています。事業者の対応の悪さを電話で相談をしてきた人に対して、「それは、どこの事業者ですか、注意しますので教えてください」と言っても、「言うと仕返しをされるのが恐いから言えない」と返答される方もいます。保険者としての立場で、市職員が事業者に対して苦情・相談に関する善処を求めることはあっても良いでしょう。そこを巧く交渉できればと思っています。

介護保険に関する契約当事者の非対等性

それにしても、このような相談事例から、とてもではありませんが、対等な契約当事者という法律上の理屈は感じられないのです。具体的な被害が発生してからの対応では、学校事故と同様の弊害が発生する可能性があると思います。都道府県は事業者の指定権限に基づいた対応が期待されますが、都道府県といえども介護保険担当の職員は限られており、少数の人員による迅速・適切な救済はかなり困難ではないでしょうか。

(37)　『朝日新聞』二〇〇四年四月二五日付朝刊。
(38)　田中孝男『条例づくりへの挑戦』（信山社、二〇〇二年）三三頁以下。
(39)　中嶋洋介『交渉のマネジメント』（アーク出版、二〇〇三年）四〇頁以下では、こうした行動を「交渉的説得」として分類されている。
(40)　市民参画や自治体職員の応答という問題については、注（14）書、第一〇章、第一一章参照。
(41)　紛争交渉における「論争点の処理」、「調和的関係の回復」などについては、和田仁孝『民事紛争交渉過程論』（信山社、一九九一年）第三章参照。
(42)　伊藤眞『民事訴訟法〔第三版〕』（有斐閣、二〇〇四年）四一七頁。
(43)　注（5）書、一七五頁〜一七八頁参照。
(44)　和田仁孝・太田勝造・阿部昌樹編『交渉と紛争処理』（日本評論社、二〇〇二年）一五頁〜二〇頁参照。
(45)　『神戸新聞』二〇〇四年四月二三日付朝刊。
(46)　『神戸新聞』二〇〇四年四月二〇日付朝刊。
(47)　その立法過程の詳細については、細田大造『ゼロから始める政策立案』（信山社、二〇〇二年）第二章参照。
(48)　阿部泰隆『政策法学講座』（第一法規、二〇〇三年）一一三頁同旨。なお、法定外税条例については同書三一五頁以下参照。
(49)　『西日本新聞』二〇〇四年二月二五日付夕刊、同三月四日付朝刊、福井論「太宰府市・駐車場税をめぐる混乱」『地方自治職員研修』二〇〇三年一二月号（公職研）一三頁〜一六頁。
(50)　阿部昌樹『ローカルな法秩序』（勁草書房、二〇〇二年）第二章では京都市空き缶条例の制定と施行過程における同様の現象について法社会学の立場から論証がなされている。

（51）注（48）書、二二〇頁。
（52）『河北新報』二〇〇四年一月二七日付夕刊。
なお、この記事はYAHOO! NEWSで読んだのであるが、よほど反響が大きかったようで、早々と削除されている。
（53）兵庫県国民健康保険団体連合会『平成一五年度介護サービスにかかる苦情・相談事例集』（兵庫県国民健康保険団体連合会、二〇〇三年）三頁以下。
（54）注（53）書、一一六頁。

第四章　戦略的法使用による地域の最適化に向けて

一　戦略的法使用とは何か

評価法務の重要性

政策法務体系において最後に位置づけられる評価法務は、最も研究実績が少ない分野だと思われます。また、自治体においても最も関心が低いと思われます。しかし、評価法務抜きに政策法務は議論できません。その果たすべき機能、役割を理解したうえで組織内に浸透させることが必要です。第一章の六で示した政策法務の体系試案は、評価法務まで含めて完結できるものなのです。

自治体の経営主義化への移行による行政マネジメント・サイクルへの取組みが進むにつれて、評価法務は重要性を増すと思います。評価法務を軽視することはできません。そして、評価法務の重要性がクローズ・アップされるべき論点として、自治体による戦略的法使用という問題があると思うのです。

戦略的法使用の意味

さて、自治体の戦略的法使用について、本書では次のような考えを提示したいと思います。すなわち、自治体が常に中長期的な視野に立ち、地域の特性と既存の条例、規則、計画などのローカル・ルールについて、制定当時の立法事実と現状がどうなっているのか、地域の特性に適した、望ましい法環境が整っているのかなどについて、適宜又は定期に検証し、客観的に評価することが求められます。そして、評価の結果、必要があると判断すれば、既存条例等の改正又は廃止、あるいは新たな条例等の制定に柔軟に対応しなければならないというものです。

戦略的法使用とは、政策法務体系の最後に位置づけられる評価法務に積極的に対応しなければ、地域特性に適合した、望ましい法環境を創出することなど、とても覚束なくなるという考えに立脚しているのです。

北村喜宣教授の条例改革論

ローカル・ルールの中でも、最も重要な、条例を中心に自治体の戦略的法使用を考える場合、北村喜宣教授の条例改革論が、簡潔で明快な視点を提供されていると思います。地方分権改革によって条例制定権が拡大されたと言われていますが、単に新しい条例を大量生産したとしても、既に多くの既存条例がある以上、それだけでは地域の事情に適した法環境を創出することはできません。

そこで、北村教授は、「いらない条例」、つまり時代の推移とともに陳腐化した条例を、一括形式によって廃止してはどうかと提案されています。「あっても特に問題はない」条例かもしれませんが、「なくても困らない」条例なら、この際、廃止すべきだということです。

このほか、北村教授は、条例を行政と市民・事業者とのコミュニケーションの手段と考えるならば、わかりやすい表現方法への改革が求められるとされています。さらに、「透明性・公平性・民主性・アカウンタビリティ」というような政策価値が十分に入っているかどうか、また、「地方自治促進的」かどうか、といった視点から、自治体における条例全体を見直すことの重要性を説いておられます。(55) 何よりも、このような条例の見直し過程で、自治体職員がこうした視点や考え方を醸成できることも期待できるでしょうし、そうあるべきだと思います。

戦略的法使用における自治体議会の重要性

しかし、議会で審議され、議決を経た条例を柔軟に見直すことに対しては、「議会軽視だ」という批判の声が出ることに過剰なまでに神経質になることが予測されます。自治体職員には、それを回避しようとする思考と行動がまだ支配的ではないかとも思います。その結果、条例の陳腐化現象が蔓延してしまい、地域の事情に適合した法環境の整備が手遅れになるという事態を招くことになるのです。戦略的というのは迅速、的確という要素も含めた表現として理解しなければなりません。そして何よりも、戦略的法使用とは議会との連携を強化する政策法務と言い換えることもできるのではないでしょうか。自治体議会の重要性がますます高まってくると思います。

宝塚市パチンコ店規制条例最高裁判決と戦略的法使用

自治体の戦略的法使用を論じることとの関係で、特に争訟対応という点から必然的に触れておくべき事例として、宝塚市パチンコ店規制条例に関する最高裁判決（最高裁平成一四年七月九日第三小法廷判決、判例地方自治第二三二号（二〇〇三年）九三頁）があります。

この事件は、宝塚市が制定していた（旧）パチンコ店等規制条例に基づき、市内でパチンコ店を建築しようとした事業者に対して建築工事の中止命令を発したところ、事業者がこれに従わないため、市が工事続行の禁止を求めて提訴したものです。最高裁は、市には訴える資格はないとして却下しました。[56] 最高裁判決後、宝塚市には規制区域内に三件のパチンコ店が出店しているようで、平成一五年九月一九日に規制を強化するため、条例の全部改正を行い、即日施行しています。改正後の条例は懲役刑などの罰則を含めたものとしていますが、本気で出店しようとする事業者に対する規制の効果としては限界があると思います。

近隣自治体の対応ぶり

さて、ここで問題にしたいのは、宝塚市の対応ではなく、近隣自治体の対応です。尼崎市をはじめとして近隣自治体の多くが、改正前の宝塚市条例とほぼ同じ内容の条例を制定しています。宝塚市で問題となったことは、当然、同様の規制を施している近隣自治体においても発生する可能性は高いはずです。パチンコ店の経営者たちは商売の機会があると思えば出店攻勢をかけてきます。対岸の火事と考えることはできないはずです。

西宮市でのパチンコ店騒動

そして案の定、最近になって類似した問題が発生しました。場所は同じ兵庫県で、宝塚市に隣接する西宮市です。阪急電車神戸線西宮北口駅の南側に兵庫県が建設する「芸術文化センター」の隣接地にパチンコ店が出店することになり、既に平成一六年二月中旬には建設が着工されています。西宮市は三月一日に地区計画等の区域内における建築物等の制限に関する条例を改正し、同地区周辺の再開発事業地域を対象に規制を強化しましたが、当然ながらこのパチンコ店には適用されません。宝塚市最高裁判決を踏まえて、対策を練ってきたようですが、やや後手になった感は否めません。(57)

阪急電車西宮北口駅の北側は既に都市再開発事業によって大型ショッピング・センターが整備されています。また、この地区は有名進学塾がひしめきあっていることでも知られている場所です。駅南側も先ほどの「芸術文化センター」を中心にかなり大規模な再開発が進められようとしています。例えば、廃止された西宮スタジアム跡地を再開発し、大型ショッピング・センターが整備され、その隣接地には高層マンションが建設されることなどが報道されています。(58) つまり、パチンコ店経営者にとっては格好の商機なのです。奇しくも私の地元で発生した問題を見ることで、戦略的法使用の重要性を改めて認識することになりました。

評価法務の手法

戦略的法使用を展開するためには、評価法務を具体化することが求められます。それでは、どのようにして評価法務を具体化し、充実させればよいのでしょうか。一つの方法としては、政策評価を実施することによって、終局的に条例の制定改廃にまで結び付けていくという方法が考えられます。評価法務を実現するためには、まずは何と言っても条例に書かれている政策あるいは事務事業について、その評価システムを確立させなければ、条例を運用している原課はなかなか言うことを聞かないと思います。そこで、まず、政策評価について検討を行い、それがどう評価法務に連結していくのか試案をお示ししたいと思います。

二　政策評価システムと政策法務

政策評価の仕組みをどうやって確立・浸透させるのか

第一章で述べましたように、厳しい経済情勢が続く中で、自治体は従来型減量行革ではなく、ＮＰＭ理論に準拠した経営主義化へと移行しつつあります。自治体が経営主義化する場合にまず改めるべき重要なポイントとして、従来の予算偏重から決算重視の思考と行動に改革するという姿勢です。民間企業は利潤を追求することが求められているため、当然に決算重視であり、いかなる成果を遂げたのかが株主や顧客から問われるのです。もう言い尽くされていることですが、自治体の経営主義化の成否はこの点にかかっていると思います。

まずは意識改革

多くの自治体はこのようなことは先刻了承済みで、決算から予算へのフィードバックを具体化する政策評価、あるいは事務事業評価システムを導入するなど、行政マネジメント・サイクルの確立に向けた努力がなされています。しかし、自治体職員の多くはまだまだ事後評価、あるいは「見直し」というものに抵抗感が強いのではないでしょうか。その根本的原因は、いわゆる役人無謬論が粘っこく存在していることにあると思われます。(59)それは、「俺たちは優秀だから、誤りは存在しない」という意識ではなく、「終わったことを今さら考えても仕方がない」という変形したものであると思います。自治体における役人無謬論というのは完全無欠であるということではなく、「終わったということは、それで良かったということ」という点にあると思います。「あの優秀な先輩職員が策定した政策を後輩である俺たちが見直しなどできるわけがない」という思考もいくらかは存在しているでしょう。嫌みを言えば、本当に優秀な人たちによる政策ならば今のような経済不況にも、財政難にもなっていなかったはずです。

今まで通用してきた考え方が通用しなくなったという意味では、権威の失墜とも受止めることができます。それこそ、まさにチャンスであり、誰にも遠慮せずに積極的に事後評価に取り組む環境が整ってきたと考えるべきだと思います。また、これからは、事後評価、つまり「見直す」という従来ならネガティブに考えられてきた行動に権威を付与するような思考とその行動に対する前向きな評価が必要でしょう。でなければ「見直し」という行動自体が儀式に陥ってしまうことになってしまいます。決算という数値の結果に基づいて客観的な基準に基づいた評価を実施し、それを自覚的にフィード・バックする仕組みを早急に確立、浸透させなければなりません。

次に、政策評価条例による義務付け

しかし、現実には、まだまだ予算偏重思考の守旧派職員が多いため、事後評価に積極的に取り組むことが自分にとって損なことになる事態を招くことへの恐怖心を緩和する必要があると思います。その最も効果的な方法は、法的な裏づけによってそうした行動を義務付けることです。また、政策評価という仕組みを条例によって導入することで、住民に対する姿勢を明確に示すことにもなると思います。

政策評価を条例化している自治体としては、宮城県、秋田県、そして北海道が平成一四年四月一日から政策評価条例を施行し、政策評価を実施しています。条例に基づいて事後評価を厳密に行うことに対しては、正直、やりにくさもあると思いますが、条例という「法の力」で自分たちがやってきた仕事を省みる作業をさせることで、組織の中に「見直し」という思考と行動が当然のこととして浸透し、普及することを図ることが重要だと思います。

中身が大事な評価書

作成された評価書には、政策・施策・事業などについて、目的、効率性、具体的な成果、他の事業手法の可能性、などが明記されていなければなりません。どのような内容の評価書にするかについては、実施主体である自治体が、少なくともその基本的な基準を政策評価条例に明確に定めていなければなりません。例えば、わが国の政策評価条例第一号である宮城県行政活動の評価に関する条例では、評価の基本的なあり方として、

「政策、施策及び事業について、それらの県民生活及び社会経済に対する効果を把握することにより、それらの目的又は目標に照らして、必要性、有効性又は効率性の観点その他必要な観点から客観的測定を行［う］」と規定されています（第三条第一項）。また、評価の客観性、公正性を担保するためには、学識経験者などで構成される第三者機関によるチェックが不可欠であると思います。宮城県条例においても行政評価委員会を設置し、意見を聴取し、その意見を当該評価に適切に反映させることが規定されています（第八条第一項）。

政策評価システムを確立させるためには、内部決裁や要綱によって導入するのではなく、条例化が望ましいとともに、最も効果的です。

さらに、発想の転換

第一章では、事後評価、見直しの作業と翌年度予算編成作業との連携がうまくいかない原因に、決算を審議する議会日程との関係も指摘しました。ここは発想の転換が必要です。つまり、予算と決算は単年度主義であっても、事後評価を単年度主義に過度に拘束する必要はないということ、計画と予算のリンクに事後評価を加えるということの二点に着目するべきではないでしょうか。現場にいる職員としての感想としては、これを単年度主義に過度に拘束させたまま続けても、マネジメント・サイクルの確立、浸透はいつまで経っても進捗しないのではないかと思います。

そこで、計画、予算、事後評価の三点セットを、単年度主義にこだわらずに、まさに三位一体でリンクさせる仕組みについて、非常にラフなものになりますが、描いてみたいと思います。前提として、議会での決算審議は一二月になされること、事務事業評価に基づいて事業計画が五年ごとに改定されること、毎年度予算は五カ年間の事業計画、実質的には四年目ごとに改定作業がなされる事業計画に基づいて編成されることとします。

中長期的視点に立脚した、政策評価・計画・予算のリンクに基づく改革案

N年度から（N＋二）年度までの三ヵ年を一つの単位とし、決算審議がなされる議会が開会される前、概ね一一月上旬までには三ヵ年分の事後評価を全て完了させ、一般に公表します。政策評価書の作成は毎年作成しなければなりませんので、三年度分を四年目に一括して作成するということではありません。

いろいろな職員の話を聞いていますと、尼崎市でも事務事業評価システム導入当初は慣れないこともあって、評価書作成に時間を要することも多々あったようです。しかし、導入から既に三年が経っていますので、事務処理そのものについてはかなり慣れてきたと考えてよいのではないでしょうか。毎年一一月中に評価書を作成することは不可能ではないと思います。

この三カ年間の事後評価を第N期政策評価とし、目先の対応としては、（N＋四）年度当初予算の編成作業では、これを反映させることが可能になります。しかし、重要なことは、計画と予算のリンクを徹底させるということです。単年度の予算編成作業ではどうしても目先のことばかりに意識が向いてしまい、中長期的な思考が置き去りにされてしまいます。（N＋三）年一一月に完成した第N期政策評価に基づいて次期計画の策定作業を開始し、（N＋四）年一一月に完成した（N＋三）年度政策評価も反映させつつ、次期計画を完成させることにします。

この場合、次期計画初年度である（N＋五）年度当初予算の編成はそれまで作成した政策評価に基づいて、次期総合計画の策定と並行して編成されることになります。本来ならば次期総合計画は四年目までに完成させておきたいところですが、できる限り近い時期の政策評価を反映させようとすれば、このようなスケジュールを組み立てることにならざるを得ないと思います。もっとも、事業の内容によっては政策評価書の年度にそれほどこだわらなくてもよいものもあると思います。その点は内容次第で判断すればよいのかもしれません。

〈図表6〉政策評価・計画・予算のリンクに基づく改革案

N年度
（N＋一）年度　第N期政策評価　（N＋三）年一一月に完成
（N＋二）年度
（N＋三）年度……第N期政策評価に基づいて次期計画の策定開始
（N＋四）年度……一一月に（N＋三）年度の政策評価を完成させる。
計画期間：（N＋一）年度〜（N＋四）年度

注1　（N＋四）年度においては、一一月に完成した（N＋三）年度の政策評価の結果も最終的な次期計画に反映させる。
注2　次期計画初年度である（N＋五）年度当初予算は、前年度政策評価の結果などを活用しつつ、計画策定と並行して編成する。

政策評価と交渉

この場合、自治体職員には、政策評価という客観的な指標に基づく総合計画の策定、毎年度予算の編成過程に関する組織内部における原則立脚型交渉を行うことが期待されます。組織間の序列が存在している場合であっても、少なくとも交渉そのものは同じ土俵で行うことが可能になると思われます。これを浸透させることができれば、組織内部における契約システムというものが実質的に出来上がってくると考えられるのではないでしょうか。

重要性を増す「法の自主解釈」

ここで特に重要となるのは、評価の対象となる事業等が法定自治事務あるいは法定受託事務の場合です。評価の結果、成果が不十分で見直すべきであるという結論が出された場合に、従来ならば「国の通達でやれと言われている」と突っぱねることができたのですが、分権改革によって国の通達を葵の御紋として活用することはできなくなりました。こうしたことを踏まえると、事業を所管している自治体現場にすれば、法の自主解釈ということがより一層クローズアップされてくると思います。

評価法務は自治体現場に政策法務の必要性をもたらす

政策評価の結果に基づいて法定自治事務や法定受託事務の見直しをしなければならなくなった場合、法の自主解釈によって当該自治体に適合した事務になるように改めることが求められます。法の自主解釈の結果、既存条例の規定内容では不都合であることが判明すれば、条例改正を要することにもなるでしょう。そうなると、事務事業を所管している自治体現場の職員には、必然的に政策法務に対する積極的な姿勢を採ることが求められるのです。評価法務への連結はこのようにしてなされると考えられないでしょうか。

三　評価法務の具体的事例

第二期介護保険事業計画の策定

評価法務に関する具体的な成果事例を提示することは、現在の私にはなかなか難しいのですが、ここでは私が従事した第二期介護保険事業計画策定に伴う保健福祉事業の見直しに関する事例を紹介することにします。非常に手前ミソで恐縮ですが、政策評価あるいは評価法務という視点から考察するには、ちょうどよい事例であると思います。

介護保険事業計画の仕組み

私は、平成一四年度において、平成一五年度から五カ年間を期間とする第二期介護保険事業計画の策定に従事しました。介護保険法では三年ごとに五年を一期とする事業計画の策定が義務付けられており（一一七条一項）、三年ごとに計画の改定作業に取り組まなければなりません。つまり、過去三年間における計画上の要介護高齢者の人数や保険給付額の推計と実際の実績を比較、検証し、それを踏まえて以後五年間に渡っての各種推計を算出するなど、法に基づいて行政マネジメント・サイクルに対応しなければならないのです。その場合、計画上の推計値と実績値との間に大きな乖離が生じていれば、何故、そのようなことになったのか当然に議論の対象になります。特に計画上の推計値よりも実績値が上回る場合には赤字になってしまうため、そうした事態を招いた原因の分析が重要になってきます。また、過去の実績と将来推計の算出の結果、介護保険料を改定する必要が生じれば、保険料率が条例事項となっているため（介護保険法第一二九条第二項）、介護保険条例を改正しなければなりません。議会では、介護保険料率をどのようにして設定したのかについて、審議されることになりますし、その際、いかに合理的な推計を行ったのかについて情報公開と説明責任が求められることになります。

このような仕組みを導入している介護保険制度はＰｌａｎ―Ｄｏ―Ｓｅｅの循環構造が成り立っている、一つのモデルとも言えるでしょう

「尼崎市いきいき健康づくり事業」の見直し

尼崎市における第二期介護保険事業計画策定における重要な論点として、「保健福祉事業」の見直しがありました。尼崎市では介護保険法第一七五条に基づく保健福祉事業として、平成一二年一〇月から「いきいき健康づくり事業」を実施しています。具体的には、市内在住の六五歳以上の第一号被保険者が尼崎市内にあるスポーツ施設（いわゆるフィットネスクラブ）を利用する場合、一回当たり四〇〇円を限度に、一ヶ月四回分まで助成金を支給するものでした。高齢者の介護予防を主旨として、適度な運動に取り組んでいただき、将来に渡って保険給付の激増を回避するという意図を持った事業でした。平成一五年度当初予算は約四九〇〇万円ですが、制度開始とともに利用者が増加し、毎年一〇〇〇万円単位で予算が増額されてきました。

介護保険法一七五条の自主解釈？

介護保険法一七五条は、保険者である市町村は、第一号被保険者の保険料を財源に、被保険者全体や家族等の介護者を対象として、介護者等の支援のために必要な事業、要介護状態となることを予防するために必要な事業などを保健福祉事業として実施することができると規定しています。

保健福祉事業に関する介護保険法一七五条の解釈について、特に議論はなされていないようですが、現場にいる自治体職員としては、介護保険導入時に六五歳以上の第一号被保険者は、要介護状態の有無を問わず、保険料の支払い義務を負うため、いわゆる元気高齢者から不満が発生する可能性があることを考慮し、その還元策の実施可能性を意味しているものと解釈しました。

尼崎市は、介護保険導入時に、保険料の還元策で合法的な手法を検討した結果、この保健福祉事業制度に着目し、「いきいき健康づくり事業」の導入に踏み切ったのです。保健福祉事業に熱心に取り組んでいる自治体は少数だと思います。保健福祉事業の主旨、中でも介護予防という観点には賛同すべきものがありますので、工夫次第で中長期的にかなりの成果を生み出す可能性があると思っています。

少数の利用者による歪な負担関係の構造

しかし、「いきいき健康づくり事業」の具体的な手法や内容について説明を受けた当初から、事業内容等には多くの疑問を持ってしまいました。

第一の疑問点は、フィットネス・クラブに通うような高齢者は一定水準の収入があり、一人当たり年間最大一九、二〇〇円の助成金を出さなくても続ける人は続けるだろうということで、助成金が健康づくりへのインセティブを生み出すのにどれほど効果的なのかということでした。今、フィットネス・クラブの昼間の利用者は高齢者です。実質的にはフィットネス・クラブへの助成金になっているのではないかという疑問も持っていたのです。

第二の疑問点は利用者数の少なさです。平成一四年三月時点で約八万二〇〇〇人いる六五歳以上の第一号被保険者のうち、利用者数は約二、〇〇〇人で、全体の三％にも達していなかったのです。これでは余りにも少数者のための事業になっていないか、費用と効果がアンバランスではないかという疑問でした。

第三の疑問点は、第二の疑問点と関連しますが、二、〇〇〇人の利用者のために残りの八万人が、保健福祉事業実施のための経費を上積みされた介護保険料を負担しているという歪な構造が出来上がっていることに気付いたのです。介護保険料の算出基礎には、保健福祉事業の経費も含まれているのです。

第四に、効果測定の仕組みを導入していないため、介護予防にどれほど貢献するのか客観的なデータが全く得られないことです。

事業廃止を主張

そこで、計画策定過程において、私は、当初から、この事業の廃止を強く主張しました。介護保険サービス給付が大幅に増加していくことが見込まれる中で、先ほど述べたような疑問点とともに、少しでも保険料の増額を抑制するためには、このような事業は廃止すべきだと思ったからです。上司たちも介護保険料の大幅な増額改定を避けることができないため、当初は、この事業の廃止はやむを得ないという姿勢であったようです。

事業の「廃止」から「見直しへ」

しかし、内部検討の結果、保健福祉事業の「廃止」はせず、「見直す」ことになりました。保険料を増額改定するのに、保健福祉事業を廃止することになれば、サービス低下であると受止められ、議会や住民の理解は得られないという判断があったようです。保険料率の設定の仕組み、あるいはこの事業に関する上記の問題点を十分に知られていないために生じる現象かもしれません。

また、保健福祉事業の廃止となれば、尼崎市介護保険条例では保健福祉事業を実施する旨規定されていることから（第二条）、保険料の増額と併せて条例改正を行うことが必要となるため、事業廃止に躊躇したのではないかとも推測しています。

経費は大幅に抑制し、利用者は大幅に増加させる

保健福祉事業の見直しに当たっては、事業費を大幅に抑制し、また、これまでのように毎年事業費が増えることを回避すること、利用者数が現在よりも大幅に増えること、という二つの相反する条件を満たすとともに、一定期間経過後に客観的な効果測定が可能な事業手法を採用することとなりました。介護予防を主旨とする保健福祉事業である以上、その効果を実証することが求められるのは当然なわけです。

新たな事業への転換

こうしたことを踏まえて検討した結果、事業費は年間二、〇〇〇万円までに抑制すること、参加者数が一万人程度になることを目指すこと、時間や場所に制約が少なく、気軽に始めることができるスポーツの代表であるウォーキングを奨励する事業に転換することとし、事業手法としては、高齢者の健康づくり事業などに実績がある外郭団体に事業委託することになりました。これは、効果測定を実施できることも念頭に置いた上での対応です。

結局、保健福祉事業に関する平成一六年度当初予算は一、六〇〇万円となり、平成一五年度当初予算と比べて三分の一以下にまで抑制することができました。平成一五年度中に事業内容の細かい内容などを協議し、事業細目を定めている要綱の改正などの作業を進めました。

評価法務に無関心な自治体でも可能だった

現在のところ、尼崎市には政策評価や評価法務というコンセプトは存在しません。事務事業評価システムは存在していても、まだ、政策評価や評価法務というコンセプトまで高められていないのです。介護保険事業計画の改定についても、法定事項であるから実施しているという意識の方が強いでしょうし、全庁的に見ても介護保険法の仕組みを行政マネジメント・サイクルのモデルであるなどと考えている者はいないと思います。実際、私が計画策定に従事していたときもそのような意識でした。

それでもこうした取組みは、評価法務の一つの事例として有効であると思います。決して大きな事業ではありませんし、庁内的にもそれほど関心が高い事業ではありませんが、逆に、この程度の事業でさえも「見直し」となれば組織内部、議会、住民などの各方面からアレルギー症状が生じるわけです。

どんな場合も反対の声はある

例えば、平成一五年度には事業の見直しを広報していましたが、これまで一人当たり年間最大一九、二〇〇円の助成金を受け取っていた利用者たちからは、少なからず抗議の電話がありましたし、助成金制度を活用して高齢者の会員を募ってきた民間スポーツ施設の責任者もいい顔はしてくれませんでした。

決して大きな事業とはいえないこの事業の廃止に対してでさえ反対の声が少なからず発生するのですから、大規模な福祉関係の給付事業を「見直し」することに尻込みする職員が多いのは理解できます。しかし、この事例において、仮に、従前のまま何の検討も加えずに事業を進めていれば、年々、事業費は拡大する一方、介護予防に関する効果を推し量ることができないといった事態が続いたこと、介護保険財政においてもアンバランスな負担と給付の関係が存続するという問題点を放置したままとなっていたわけです。

四　法務知識資産の構築と活用

知識経営と知識資産

経営学の世界では、知識経営と呼ばれているものが大流行しています。先駆的な民間企業では「知識が価値の源泉である」と認識されているため、知識資産を活用した経営、ナレッジ・マネジメントに積極的に取り組まれています。知識資産とは、企業が資産として活用可能な、暗黙知・形式知からなる様々な形態の知識として位置づけられているものです。(60) 知識経営については、自治体職員にも関心が高い人は多いと思います。最近になって、私も関心を持つようになりました。

戦略的法使用のための法務知識資産

ただ、これまでのところ、自治体における知識、あるいは知識資産ということは、議論されていないと思います。しかし、自治体にも多くの知識資産があるという主張には、異論はないでしょう。

その中でも政策法務、あるいは戦略的法使用と関係するものとして、法務知識資産の重要性に着目したいと思います。法務知識資産に関する定義は、現在、定まったものはないと思います。そこで、本書では「個々の職員や組織によって保有されている、法的諸課題を解決するために構築されてきた自治立法、法の解釈などに関する知識の集積」としておきます。例えば、介護保険に関しては施行からまだ五年目を迎えたところであり、どの自治体でも介護保険制度に詳しい職員は他の行政分野と比べてかなり少ないと思います。介護保険法に関する法務知識資産の集積というものは、まだ不十分であり、断片的な存在でしかないように感じています。自治体では知識資産という概念に対する理解はまだ普及していないため、結局は組織での共有化に至らず、断片的な存在のまま眠らせていることになっているのです。

法務知識資産の構築、共有化、そして活用

法務知識資産という概念を理解しているかどうかはともかく、結果として自治体が多額の公費を投資して構築している法務知識資産もあります。例えば、尼崎市では毎年二名の職員を半年ずつ自治大学校へ公費派遣し

ています。また、同様に、毎年一人の職員を神戸大学大学院法学研究科博士課程前期課程に派遣しています。これら公費負担によって大学院等に派遣し、一定水準の法務知識を修得した人材は、自治体における法務知識資産の重要な担い手であると言えるでしょう。派遣研修期間中に会得した個人の主観的な法務知識、つまり暗黙知だけではなく、自治大や大学院で取り組んだ研究論文や各種のレポートなどによって示されている知見などの形式知も、それが公費負担によってなされている以上、当然に自治体の法務知識資産として共有化し、活用すべきものです。

しかし、公費による派遣経験者が、それぞれの専攻分野に適合した職場に必ず配置されているとは限らず、あるいは、自治大や大学院で培ってきた法務知識を自治立法や法の自主解釈の形成にどれだけ貢献し、あるいは活用しているのかについては、はっきりとした根拠を見つけることができません。あくまで私の主観的な判断ですが、こうした状況からは、法務知識資産の構築、共有化に寄与しているとは言い難いと思っています。

容易に法務知識資産の活用ができるようにすべき

大学院派遣職員に関して言えば、例えば修了の要件である修士論文がいかなる内容のものなのかは、年に一度の発表会の席上で、その要点を説明される程度で、論文そのものは一般に公表されていません。職務遂行上、参考にするため、修士論文を職員が自由に参照することも認められていないようです。

大学院法学研究科での法政策に関する修士論文ですから、何らかの政策課題をテーマにし、学説や判例の分析、解決のための法理論の構築や新たな法制度の設計案などが論じられていると思われます。公費派遣によって作成された成果物である以上、例えば法的課題の解決を迫られている職員が、こうした法務知識資産を活用しようとすれば、容易にその論文にアクセスできるようにしておくべきではないでしょうか。

戦略的法使用の展開と法務知識資産

また、修士論文として大学が認定したものである以上、そこで論じられていることには一定の科学的な裏づけが存在するわけであり、良い意味での権威が付与されていると考えるべきだと思います。こうした形式知は自治体の法務知識資産として貴重な存在です。政策形成過程において、法的諸論点を検討する場合、公費派遣職員による大学院での研究成果を活用することができれば、さらなる新たな視点や考え方が生まれ、それが知識として組織内部に構築、共有されることが期待できます。

自治体が戦略的法使用を展開していくためにも、こうした既存の法務知識資産を自由に活用できるような仕組みを整備することは極めて重要であると思います。すでに民間企業の経営においては常識となっている、「知識は価値の源泉である」ということを自治体関係者は改めて認識すべきではないでしょうか。

住民との知識共有

法務知識資産に関する議論からは少しはずれますが、顧客と共有された知識が民間企業では知識資産として位置づけられていることからすれば、自治体も住民との知識共有ということが考えられなければなりません。自治体と住民の知識共有化に関する具体的手法としては、既に前章で触れた住民との車座集会やパブリック・コメントなどの協働手法があると思います。このような取組みは、住民との知識共有化に資するものとしても理解すべきだということです。すなわち、協働過程において繰り広げられる住民と自治体職員との交渉は「地域の最適化を図るための知識創造過程」であると考えるべきなのです。原則立脚型交渉は当事者双方の利益を最大化するものですが、自治体職員の交渉はあくまで地域の最適化を目指した目的的行動であることを踏まえて、交渉とは地域における新たな価値の源泉となる知識を生み出す生産的活動として考えるべきではないでしょうか。

知識創造の場としての「協働」

そうなると多面的な要素を包含する「協働」の概念に、そうした知識創造の場としての意味をも付与することができることになります。[61] 生み出された知識は自治体職員だけではなく、住民とも共有される貴重な資産として積み上げられていくことになります。それが、さらに新たな価値を生み出す源泉にもなっていくわけです。原則立脚型交渉を進歩させた構成と理解してもらえれば幸いです。情報を公開し、共有化を図っていくことに加え、それを知識として高めることが求められるのが分権型社会における協働の仕組みの姿であると思うのです。

五　地域の最適化のために立ち向かう自治体職員

地域社会における法治主義の浸透

さて、いよいよ最後の締めくくりになります。「交渉する自治体職員」というコンセプトの究極の目標は地域の最適化です。公正なローカル・ルールに基づいて、地域の特性に適合した法環境を創出することを地道に積重ねることによって、地域社会に法治主義が浸透することになると思います。最適化という概念は、多義的ですが、地方分権改革を契機に活発になっている政策法務論の立場からは、あくまでこうした考え方であるべきだと思います。この考え方の構想をイメージしたものが図表7です。

〈図表7〉地域の最適化の構想図

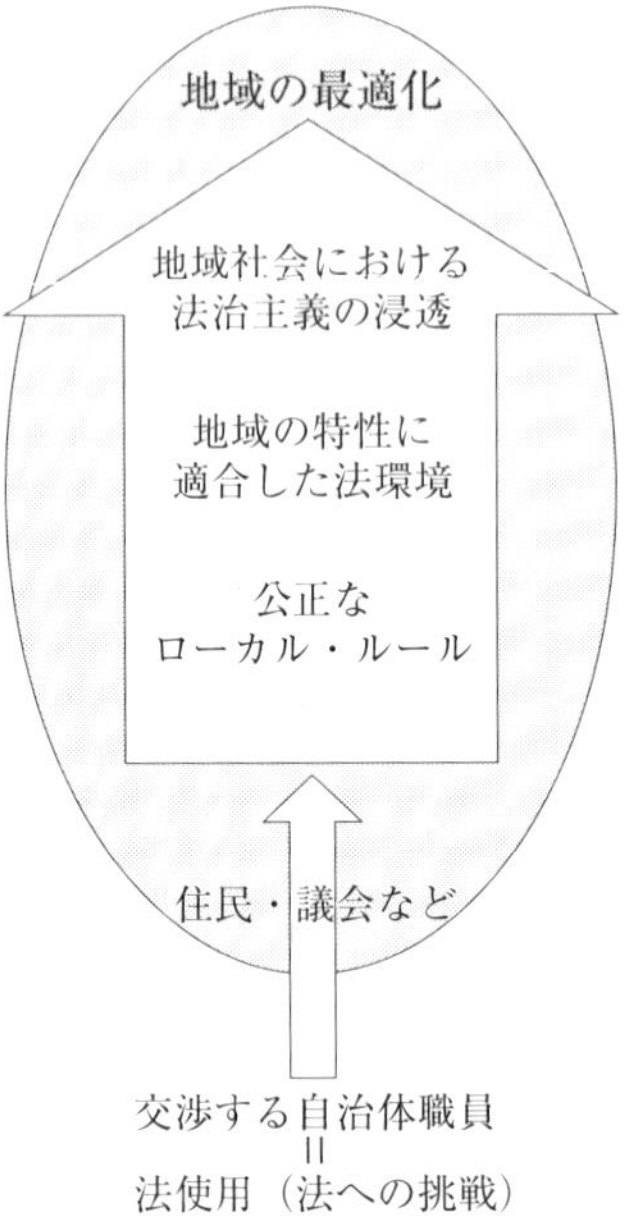

法化社会によって法は身近にならない？

しかし、少し立ち止まって考えたとき、次のような疑問も出てきます。すなわち、地域における法治主義が浸透し、公正なローカル・ルールに基づいた地域社会においては、そこで生活をする住民は「法」に対していかなる感覚を有するのかということです。自分たちが暮らす地域で、自分たちが直接選挙で選んだ人たちで構成される代表機関で制定された「法」に対しては一定の敬意を持ち、法を身近に感じてもらえるはず、と勝手に思い込んでいいのかということです。

司法制度改革が推進されることによって、数年後には法曹人口が激増します。裁判員制度も導入されることが決まりました。「法」には当然、憲法を頂点として民法、刑法、商法などの基本法も含まれており、社会生活の中でこれらの法に関する問題に出くわすことも多々あるでしょう。いくつもの種類の「法」が重層的に地域に存在している場合、その法環境の中に生活している、必ずしも法律に詳しくない住民は、かえって法を身近に感じなくなることもあり得ると考えられます。弁護士の増加で身近に法律相談ができる環境は格段に整備される可能性はあるものの、法からの疎外感を持つ住民も増えるのではないかという、漠然とした感覚を私は持ってしまうのです。

法を語る自治体職員

こうした漠然とした感覚、不安感を少しでも緩和するためにも、住民に身近な市役所で働く私たちは、法を語る能力が要求されると思います。杓子定規に結論だけ述べるのではなく、丁寧な説明、根拠法の意味を語ることができる、分権時代にふさわしい住民に親切な自治体職員であることを心がけねばなりません。

試行錯誤と悪戦苦闘の政策法務

すでに述べましたが、分権時代とはいっても、現実には、まだまだ「立場駆引き型交渉」を正しいと信じている自治体職員は多数存在しているでしょう。住民との信頼関係と言っても、それが自分にとって損なことになる場合は、原則立脚型交渉などには見向きもしないはずです。序列重視＋序列固定的組織にいる限り、こうした職員の存在を完全に排除することはできないと思います。そうなってくると、ともかく誰もが認める成果を獲得し、それを知らしめることによって、守旧派的行動原理を軌道修正させるしかありません。

第一章でも述べましたが、「交渉する自治体職員」というのは、分権時代における一つの自治体職員モデルを表現したものです。しかし、決して何でも器用にこなし、目先の事務を巧みに処理することができる、ドラマや映画の主人公のような人物を想定しているのではありません。むしろ、試行錯誤を繰り返し、悪戦苦闘しながらも、誰も手をつけようとしなかった地域の法的課題の解決に立ち向かっていく職員像をイメージしています。課題から逃避しようとする姿勢こそ問題で、〝敵は我に在り〟ということを常に意識しなければなりません(62)。これは私自身の自戒でもあるのです。

(55)　北村喜宣『自治力の冒険』（信山社、二〇〇三年）四六頁〜四八頁。
(56)　この判例についての論稿としては、阿部泰隆『行政訴訟要件論』（弘文堂、二〇〇三年）第一部第四章が詳しい。また、注（5）書、二五四頁〜二五六頁、注（48）書、一八二頁〜一八四頁をそれぞれ参照。
(57)　『神戸新聞』二〇〇四年三月五日付朝刊。
(58)　『朝日新聞』二〇〇四年四月二九日付朝刊。
(59)　阿部泰隆『政策法学の基本指針』（弘文堂、一九九六年）一五四頁〜一五六頁参照。
(60)　野中郁次郎・紺野登『知識経営のすすめ』（筑摩書房、一九九九年）一二五頁〜一二九頁。
(61)　協働を知識創造の場と構成することについては、野中郁次郎・泉田裕彦・永田晃也編著『知識国家論序説』（東洋経済新報社、二〇〇三年）一六頁〜二〇頁の記述に影響を受けている。
(62)　野村克也『敵は我に在り』（KKベストセラーズ、一九八四年）特に第五章、同『新・敵は我に在り』（経済界、二〇〇四年）をそれぞれ参照。